3000億円の新規事業を生み出す
ビジネスプロデュース思考術

BUSINESS PRODUCERS

# 共感×深掘りが最強のビジネススキルである

BUSINESS SKILLS

三宅孝之
ドリームインキュベータ(DI)社長

PHP

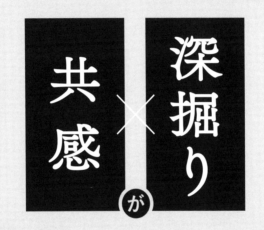

# はじめに

## 得意を伸ばすべきか？　苦手を克服すべきか？

「得意な能力をさらに伸ばすほうがいいのか。苦手な能力を克服するほうがいいのか」

これは、ビジネスパーソンの成長を考えるときによく議論になるテーマです。

私は、この議論のポイントは時間軸だと考えています。

得意な能力を伸ばすと早期に成長できます。しかし、得意な能力を伸ばすだけでは、成長の度合いが段々と低下していきます。得意な能力だけでできる仕事には限界があるからです。

一方、苦手な能力を克服しようとすると、はじめはなかなか成長を感じられません。3～5年ほど苦しむかもしれません。しかし、その後、一気にレベルアップします。苦手を克服したうえで、もともと得意だった能力を発揮すれば、さらに成長が加速します。

ですから、それほど大きなものでなくていいので、急いで成果をあげる必要があるのなら、得意を伸ばせばいいのかもしれません。

しかし、**大きな仕事ができる人材に成長するためには、なかなか成長を感じられなくても、まずは苦手な能力を鍛えることが重要**なのです。

## 苦手の克服で3000億円の新規事業を生み出す人材になれる！

私が社長を務めているDI（ドリームインキュベータ）では、2008年頃から「ビジネスプロデュース」を行なっています。

ビジネスプロデュースとは、簡単に言うと、**大企業の次の柱となり得るような数百億、数千億円規模の新規事業を創造する**ことです。

目安《めやす》として3000億円という数字を掲《かか》げています。島崎崇《たかし》（現・DI統括執行役員）との共著で『3000億円の事業を生み出す「ビジネスプロデュース」戦略』『3000億円の事業を生み出す「ビジネスプロデュース」成功への道』（ともにPHP研究所）という本も出しました。

ビジネスプロデューサーという言葉は、近年、よく目にするようになりました。営業職のことをビジネスプロデューサーと呼ぶ大手広告代理店や大手電機メーカーもあります。しかし、本書で言うビジネスプロデューサーは、それらとは違います。

本書で言うビジネスプロデューサーは、大きな事業を生み出す人材と定義しています。そして、ビジネスプロデューサーを育成するために重要なのが、苦手な能力を鍛えることです。DIでは、そのようにしてビジネスプロデューサーを育成しています。

## 「深掘りタイプ」は共感力を、「共感タイプ」は深掘り力を鍛えよう

具体的には、「深掘り力」と「共感力」のうち、苦手なほうを鍛えることで、ビジネスパーソンとして大きく成長します。

深掘り力と共感力については第3章で詳しく述べますが、簡単に言うと、大量の情報を分析し、数値化・定量化し、思考を深める能力が深掘り力です。一方、人の気持ちを理解し、多くの人たちに会いに行って人脈を形成し、要領よく大事なポイントを把握する能力が共感力です。

そして、深掘り力に長《た》けている人を「深掘りタイプ」、共感力に長けている人を「共感タイプ」と呼んでいます。

大きく言うと、**ビジネスパーソンは深掘りタイプと共感タイプのいずれかに分けられます。**

理想は、深掘り力と共感力の両方を高次元で併《あわ》せ持っていることですが、大抵《たいてい》の人はどちらかが得意で、もう一方を苦手としています。

そのため、深掘りタイプは共感力を、共感タイプは深掘り力を意識的に鍛えていくことで（実際には「自分の中に眠っている能力を呼び起こす」と言うほうが正しいですが）、高いパフォーマンスを発揮できるようになります。

ビジネスプロデュースの場合、発揮される能力は深掘り力と共感力の低いほうに制約されます。深掘り力が１００だとしても、共感力が０であれば、ビジネスプロデュース力は０です。深掘りタイプが、「共感力は苦手だから」と、得意な深掘り力ばかりを伸ばしていても、ビジネスプロデュース力は上がっていきません。

苦手な能力を克服しようとすると、つらいこともあるでしょう、なにしろ、あえて苦手なことをするのですから。最初の５年間くらいは苦労の連続です。

けれども、その努力が報《むく》われるときが必ずきます。

本書では、ビジネスプロデュースの概要を説明したあと、ビジネスプロデューサーになるための深掘り力や共感力の鍛え方について解説していきます。

ただ、**深掘り力や共感力を鍛えることは、ビジネスプロデューサーに限らず、これからの日本で活躍するすべてのビジネスパーソンにとって重要**です。市場が成熟した日本において成果をあげていくためには、深掘り力と共感力の両方を高次元で併せ持つことが必要だからです。

## ビジネスプロデューサーのスキルとマインドを身につければ無敵

私は、経済産業省、戦略コンサルティング会社のA.T.カーニーを経て、2004年にDIに入社しました。

私が入社したときのＤＩは、ベンチャー企業に投資をしてＩＰＯ（上場）を目指す「インキュベーション事業」を柱にしていました。しかし、２００６年のライブドア・ショックを受け、ＩＰＯをするベンチャー企業が激減し、インキュベーション事業が成り立たなくなってしまいました。

そこで新たに始めたのが、ビジネスプロデュースでした。

私がいまだにＤＩを辞めないでいるのは、「ビジネスプロデュースのような面白い仕事をやれる会社は他にない」と心の底から思っているからです。ビジネスプロデュースという仕事の中身は本編で述べますが、それだけ面白く、やりがいがある、魅力的な仕事です。またＤＩ自身も、社会課題の解決を目指しつつ、上場企業としての成長を追い求め続けています。

ビジネスプロデューサーとして活躍したのち、ＤＩを辞めていった人もいます。私たちはこうした「アルムナイ（卒業生）」との交流にも力を入れています。ＤＩを辞めても、「世の中をもっとよくしたい」「社会課題を解決したい」という同じ志を持って挑戦し続けている人たちだからです。

彼らの活躍の場は様々です。起業した人もいれば、大企業やベンチャー企業のマネジメント職に転じた人、ベンチャーキャピタルやプライベートエクイティファンドなどで活躍している人もいます。

彼らが口をそろえて言うのは、「ビジネスプロデューサーとしての経験や知見、多種多様なノウハウが、次のビジネスでも十二分に活《い》きた」ということです。

私は、**ビジネスプロデューサーのスキルとマインドを身につければ、ビジネス界で無敵になれる**と思っています。

では、ビジネスプロデューサーのスキルとマインドを身につけるためには、何を意識して、具体的にどのようなトレーニングを積めばいいのか。本編で詳しく述べていきたいと思います。

「共感」×「深掘り」が
最強のビジネススキルである
3000億円の新規事業を生み出す
ビジネスプロデュース思考術

# 目次

# 第1章

# 今、日本で求められているのは３０００億円規模の事業を生み出す人材

第2章

# 1枚1000万円の「マップ」を作る

# 第3章

# 「共感力」と「深掘り力」の高次元でのハーモニーを目指す

第4章

# 部下の「共感力」と「深掘り力」を高める

第5章

# 「共感力」と「深掘り力」はここで発揮される

# 第1章

# 今、日本で求められているのは3000億円規模の事業を生み出す人材

## 日本企業は大規模な新規事業を必要としている

今、そして、これから、日本で活躍するビジネスパーソンとは、どんな人か。

私は、それはビジネスプロデューサーであると考えています。

「はじめに」で述べたように、ビジネスプロデューサーとは、大企業の次の柱となり得るような数百億、数千億円規模の新規事業を創造する人です。

では、なぜ今、大規模な新規事業を創造する人が求められているのでしょうか?

「失われた10年」と言われてから、すでに20年が経ちました。しかし、いまだに日本経済が大きく成長する兆《きざ》しは見えてきていません。

それは、**日本企業が本業として現在行なっているビジネスの多くが、すでに耐用年《たいよう》**

**数を超えてしまっている**からです。経営の柱であった本業が市場の成熟期を迎え、将来的に成長する見込みがありません。

にもかからず、「まだ大丈夫だろう」「もう少しぐらいはもつだろう」という希望的観測から、やや無理矢理に延長戦を戦っている企業もあります。しかし、耐用年数を超えた橋は、いつか必ず落ちます。

それがわかっている危機感の強い企業ほど、新しい事業を立ち上げるべく挑戦を繰り返しています。

経営者の関心事項の中で「新規事業の具体化」は、この10年で110%も増えています。また、日本における売上上位100社のうち約8割がこの10年間に新規事業部門を新たに設立しており、その設立ペースは年々加速しています。

つまり、**日本の大企業にとって、「新しい事業の創造」は、トップアジェンダの中でも、とりわけ喫緊《きっきん》の課題**となっているのです。

かつて世界第2位を誇《ほこ》った日本の国民一人当たりGDPは、2021年、27位にま

**図1-1**

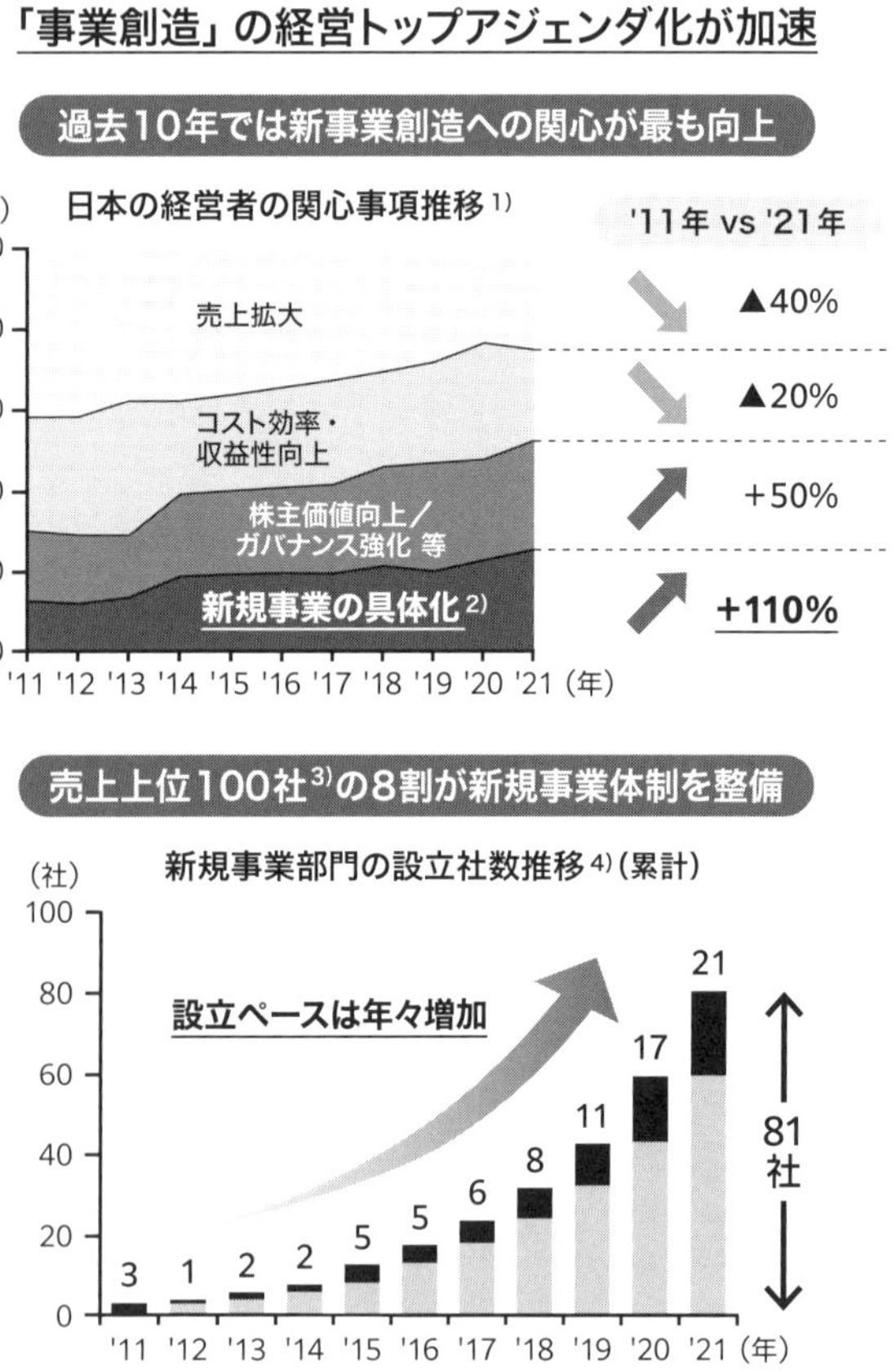


1) 一般社団法人日本能率協会が毎年発行する“当面する企業経営課題に関する調査”を基に集計。
毎年、500社程の大企業及び中小企業の経営者が、最も大きいと感じる課題を3つ回答
2) 新商品・新サービス・新事業の開発、デジタル技術の戦略的投資などを含む
3) 東証プライム上場企業のうち、2021年3月期売上トップ100社
4) 新規事業の企画・推進を専業とする独立部門の数。"事業を創造するもの"に限定し、事業化の手前の技術イノベーション／シーズ創出を企図する部門(研究開発等)は対象外

出所：日本能率協会「当面する企業経営課題に関する調査」、各社プレスリリース／組織図

で下がりました。時価総額世界トップ10に7社も入っていた日本企業は、今ではゼロ。トップ50に入っていた唯一の日本企業、トヨタ自動車も、２０２３年2月、ついに圏外となってしまいました。

この間、アメリカでは、アップルやグーグルといった企業により、新たなビジネスがどんどんプロデュースされ、今ではそれらの企業で世界時価総額合計の大半を占めるほどになっています。

**日本がビジネス面でも世界に誇れる国であり続けるためにも、「失われた30年」を「失われた40年」にしないためにも、新規事業、それも数千億円以上の大規模な新規事業を創造することが、日本経済、日本企業に求められている**のです。

そして、それを実現するのが、ビジネスプロデューサーです。

## ビジネスプロデューサーは「社会課題を解決する」

では、どうやって、それほど巨大な新規事業を生み出すのか？

残念ながら、日本企業の新規事業への挑戦は、なかなかうまくいっていません。**市場が成熟してしまっている現在の日本では、ニッチ市場であっても、ほぼ埋まってしまっています。**私たちが、「新規事業をやりましょう」と言うと、「新しいビジネスを始める市場なんてあるの？」と聞かれます。「そんな市場はもうない」と思っているのでしょう。

メタバースのように、新技術の登場で新たな市場が生まれることはあります。ただし、その市場が大きく成長するまでには時間がかかります。しかも、それらの新市場がすべて大きく成長するわけでもありません。

通常の新規事業開発では、顧客ニーズから発想するのが基本です。お客様は何を求めているのか、どんなサービスを提供してほしいと思っているのか。それを調べ、それに応《こた》える商品やサービスを考えます。「答えはお客様の中にある」と言われます。

しかしながら、**あらゆるニーズが満たされている、現在の成熟した日本市場では、その方法が通用しません。お客様の中に答えがないからです。**かつて有効であった、「顧客ニーズから新たな事業を発想する」という方法は、効力を失ってしまっているのです。

これが、通常の新規事業開発で生み出された事業が大きく成長しない理由の1つです。

顧客ニーズが大幅に減少した日本ですが、その一方で、新たに大きなニーズが生まれています。それが「社会課題」です。

ご存じの通り、日本は社会課題先進国です。少子化、高齢化、経済格差、自然災害、環境汚染、エネルギー不足、労働力不足、医療・介護の問題、インフラの老朽化《ろうきゅうか》など、様々な社会課題を抱《かか》えています。

日本企業の既存事業だけでなく、日本の社会システムも耐用年数を超えてしまって

図1-2

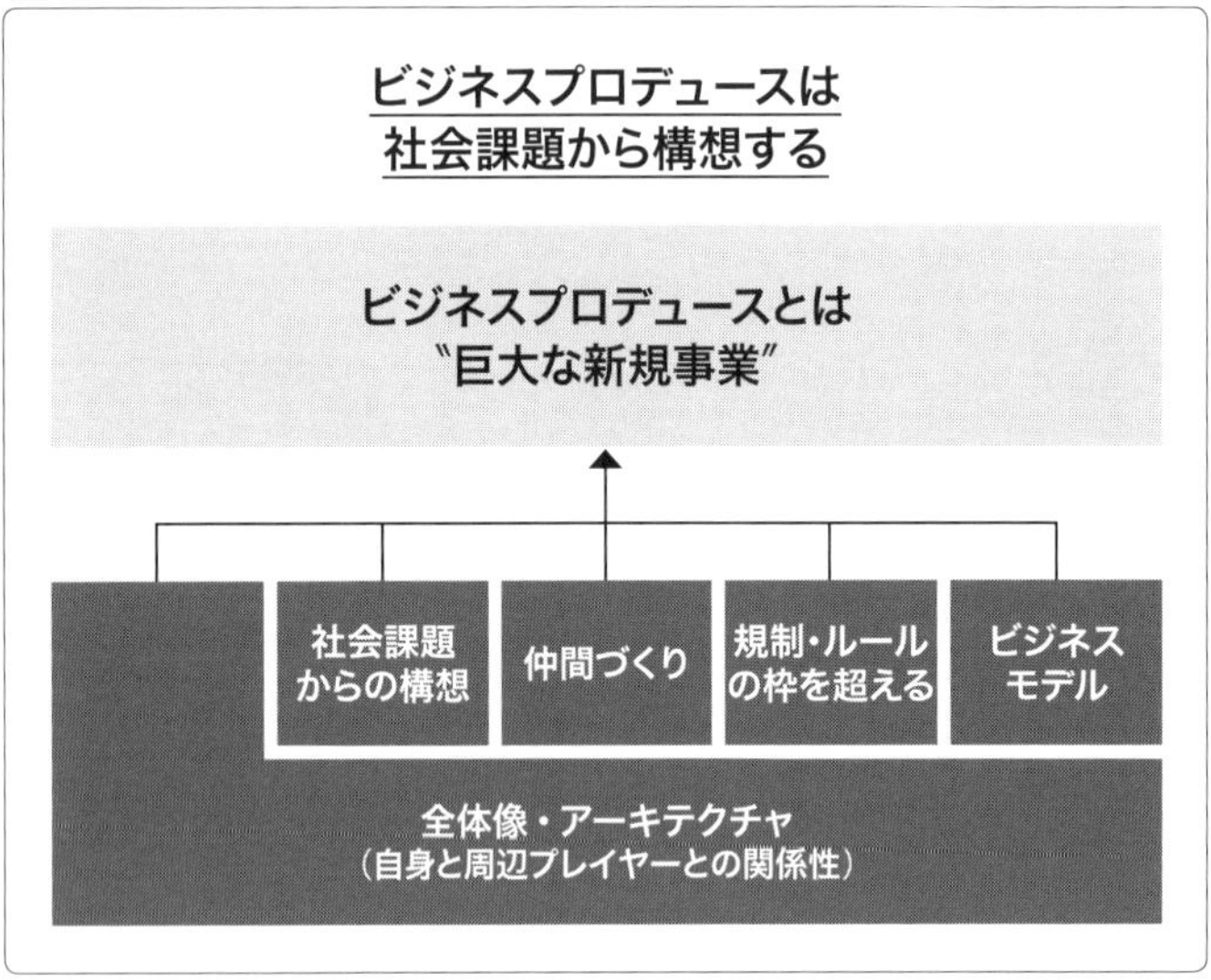


いるのです。だから、現代社会に対応できず、歪《ひず》みが生まれています。

これらの社会課題は、言い換えれば、解決が求められる「社会ニーズ」です。**顧客ニーズよりも大きな社会ニーズを満たせば、自然と事業規模も大きくなります。**もっと言えば、社会課題が大きくなればなるほど、それを解決するビジネスの事業規模も大きくなります。

ただ、社会課題をビジネスで解決することは、それほど容易《たやす》いことではありません。

顧客ニーズを起点にして、新たな製品やサービスを作るというのは、考え方として比較的わかりやすいと思います。顧客に関するデータをきちんと調べ、論理的に考えていけば、どのような製品やサービスが求められているのかが見えてきます。それをビジネスモデルに落とし込むことができれば、新規事業が動き出します。

一方、社会課題や社会ニーズは漠然《ばくぜん》としているため、どこから手をつけたらいいのかが、そもそもわかりにくい。しかも、当初はまったく儲《もう》かりそうに見えません。**社会課題の解決をいかにビジネスにするかが、ビジネスプロデューサーの腕の見せどころ**です。

## 社会課題の解決は大企業にこそ向いている

社会課題を解決するだけなら、ビル・ゲイツ氏のように財団を作って寄付をするなど、ビジネス以外の方法もあります。しかし、ビジネス以外の手法では、寄付金やボランティア、補助金などの限られたリソースが尽きてしまえば続けることができません。篤志家《とくしか》の膨大《ぼうだい》な資金も無尽蔵《むじんぞう》ではありません。利子の範囲で寄付をするのであれば元本は減りませんが、それを超えて使えば、いつかはなくなります。

ところが、社会課題の解決をビジネスにできれば、儲けが生まれます。**儲けが出るビジネスには持続性があります。**これが非常に大事な点です。

若い人たちの中には、「社会課題の解決を持続できるかたちでやりたい」と思って、大企業に入社した人が大勢います。ところが、既存事業がうまくいっている大企業ほど、新規事業は「非日常」の業務です。「それ、絶対に儲からないだろう」などと言われてしまい、なかなかやらせてもらえないのが現状です。

しかし、社会課題を解決するビジネスを手掛けるのは、大企業にこそ向いています。ベンチャーや中小企業ではなし得ない規模の投資や多数の優秀な人材、他社と連携するときに役立つ知名度・ブランド力の高さ、事業が立ち上がるまでに待てる時間軸の長さ。どれをとっても、社会課題を解決するような大規模なビジネスプロデュースは大企業にぴったりなのです。

## ビジネスプロデューサーは「複数の企業を連携させる」

数百億、数千億円規模の事業を創造しようと思えば、1社だけで実現することはまず不可能です。複数の企業との連携が必要不可欠となります。

また、社会課題の解決をビジネスにするためには、業界を超えた様々な企業（時には国や自治体も）に参画《さんかく》してもらう必要があります。そして、**それら複数の企業のビジネスを数珠《じゅず》つなぎのようにつなげていく**ところに、ビジネスプロデュースの肝《きも》があります。

1対1のギブアンドテイク型のビジネスにするのではなく、連携する企業のビジネスをいくつも組み合わせて、グルッと回る仕組みを作る。これができて初めて、ビジネスプロデュースの巨大なエコシステムが完成し、ビジネスが回り始めます。

このエコシステムを構築するのは非常に難しく、そのための労力も甚大《じんだい》です。ただ、参画企業のビジネスが足し合わされる、場合によっては掛け合わされるので、事業規模が大きくなり、皆が利益を得られるというわけです。

日本企業は内製を重んじ、自社内、あるいは自社グループ内ですべてを完結させることで数々のビジネスを成功させてきました。その成功体験が強く残っている企業ほど、すべてを自分たちでやろうとします。すると、社内のしがらみにからめとられ、どうしても内向きになってしまいます。これも、新規事業が大きく成長しない原因の1つなのではないでしょうか。

そんな企業であっても、**社会課題の解決のためであれば、参画しやすくなります。**グループ外の他企業と連携する大義名分ができるからです。

今後のビジネスで大切なのは、「つながり」かもしれません。業界という枠が崩れ、業界を跨《また》いだ新しい市場ができはじめている昨今《さっこん》、**強いのは、業界を超えて「つながれる」企業**です。逆に言えば、既存の業界に固執《こしつ》している企業は、異業種のプレイヤーに簡単に飲み込まれてしまうことでしょう。

## 愛知県豊田市での介護予防事業の事例

「グルッと回る仕組みを作る」とは、どういうことか。イメージをつかんでいただくために、DIが愛知県豊田市《とよた》で2021年に始めた介護予防事業を紹介しましょう。

この事業で取り組んでいる社会課題は、自治体が負担する介護費の増加です。介護費は地方自治体が一部を負担していて、年々その額が増えています。豊田市もその典型でした。

では、この社会課題を、どのように解決するのか。あなたなら、どう考えますか？

介護費を減らすためには、介護を必要とする人を減らすことが必要不可欠です。

そこで色々と調べてみると、社会参加する機会が多い人たち、例えば、スポーツをしたり、同じ趣味を持つ人たち同士で集まったりしている人たちは、介護が必要になる時期が遅くなるということがわかりました。毎日歩いて、楽しくおしゃべりするだけでも、認知症予防になり、介護を必要とする時期を遅らせることができます。

「ということは、高齢者向けにスポーツや趣味の会をする場を提供するようなビジネスを展開すれば、介護費を減らせるのではないか」。そう考えた方もいるかもしれません。そうなのです。でも大事なのはここからです。

さらに調べると、健康なときの生活実態と要介護認定を受ける時期の関係について、過去のビッグデータを分析した「日本老年学的評価研究プロジェクト」という医学的な研究があることがわかりました。この研究結果を活用すれば、現在の生活状況や活動のレベルを把握することで、将来の要介護度と介護費を予測することができます。

そこで私たちは、次のようなビジネスエコサイクルを作ることにしました。

まず、日本政策投資銀行に協力してもらい、日本生命などの保険会社や地方銀行などと一緒になってファンドを作りました。そして、事業の事務局として新たに設立したＤＩの子会社が、そのファンドから運営資金を預かります。

そして、豊田市内の企業や全国規模の大企業に呼び掛けて、その資金でスポーツや趣味の会などの高齢者向けサービスを展開してもらいます。現在、50社以上が様々なサービスを展開し、それらを活用する高齢者は月間２０００人に迫る規模となっています。

先ほど紹介した研究を行なった機関（日本老年学的評価研究機構：ＪＡＧＥＳ）に市内の高齢者の生活状況や活動レベルを評価してもらうと、将来の介護費をどれくらい削減できそうかが予測できます。そこで、市が負担するはずだった介護費のうち、削減できた金額の一部を事務局が受け取り（財源は、市の財政に加え、企業版ふるさと納税を活用）、ファンドにリターンとして支払います。

ファンドを作り、投資家から資金を集める

↓

事務局がファンドから資金を預かり、事業者に提供

↓

資金提供を受けた事業者が高齢者にサービスを提供

↓

評価機関がサービスの効果（介護費がどれだけ減るか）を評価

↓

減った介護費の一部を、成功報酬として、市が事務局に支払う

↓

事務局がファンドにリターンを支払う

これでグルッと1回転するビジネスモデルです。

図1-3

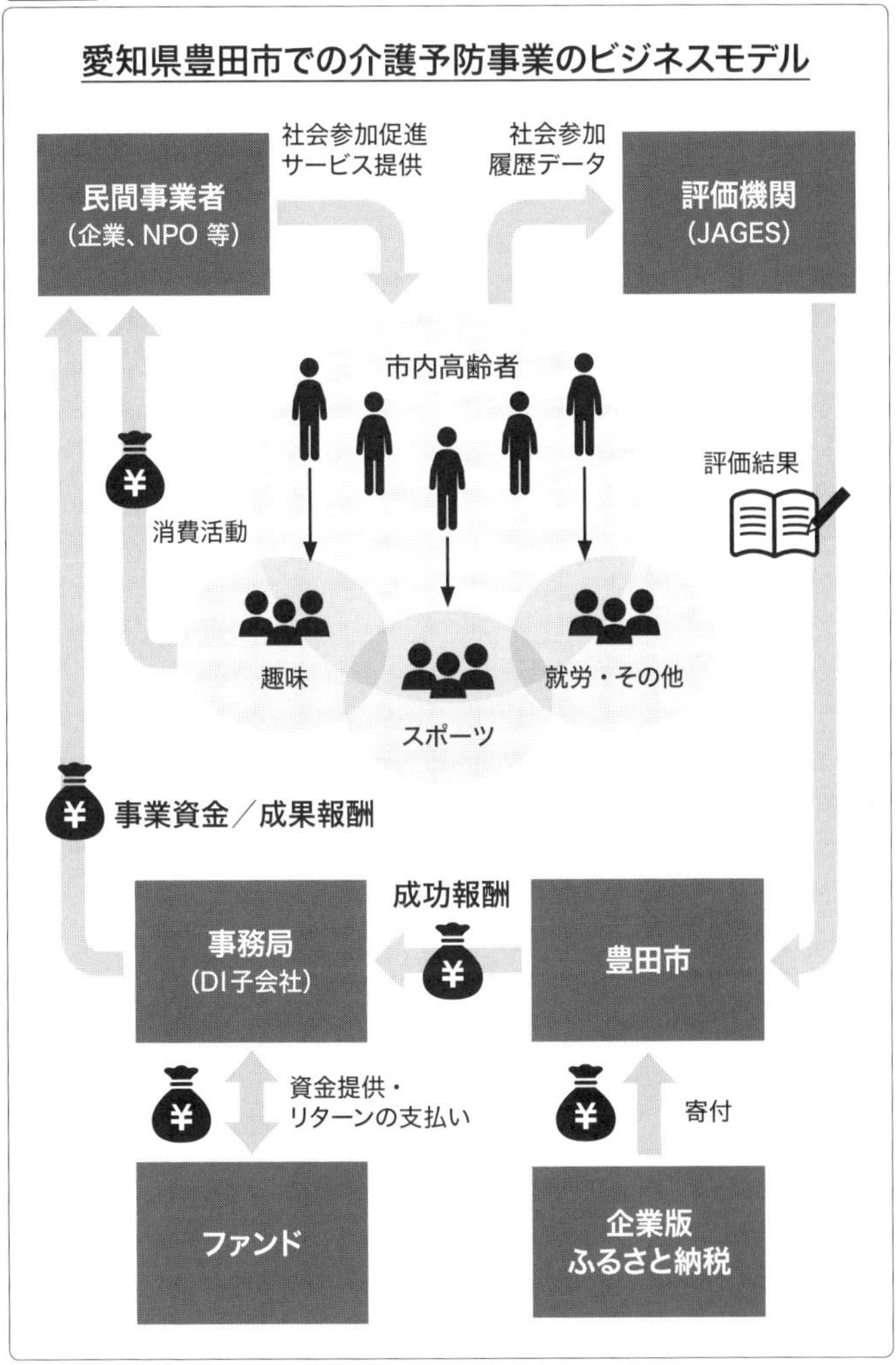
愛知県豊田市での介護予防事業のビジネスモデル
民間事業者
（企業、NPO 等）
社会参加促進
サービス提供
社会参加
履歴データ
評価機関
（JAGES）
市内高齢者
評価結果
消費活動
趣味
スポーツ
就労・その他
事業資金／成果報酬
成功報酬
事務局
（DI子会社）
豊田市
資金提供・
リターンの支払い
寄付
ファンド
企業版
ふるさと納税

図1-4

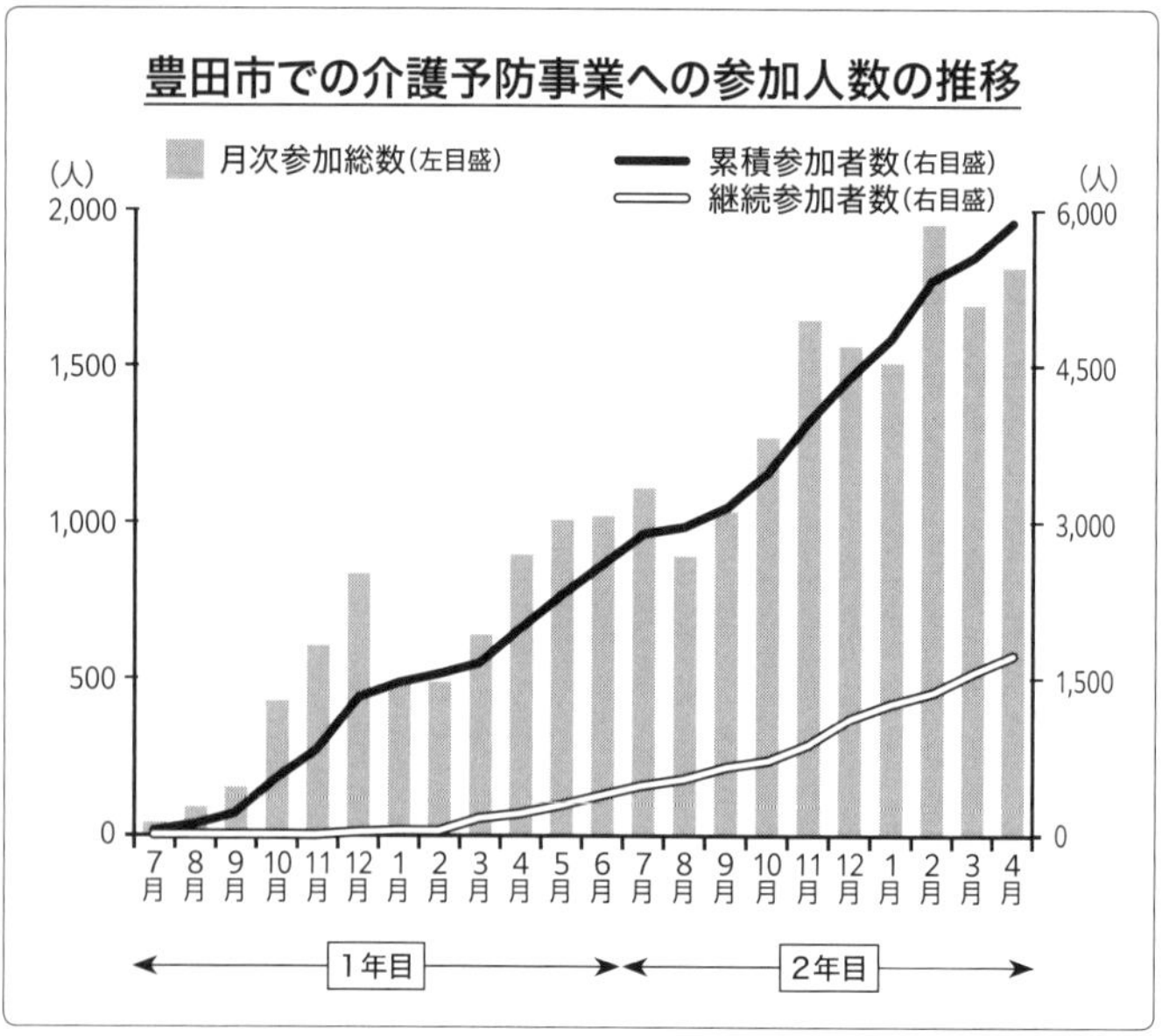


事業規模はスタートから5年で5億円。毎年、市内の5％以上の高齢者にアクセスすると設定していますが、2年目に入り、急速に知名度が増し、豊田市全体に広がってきました。

参画している企業が素晴らしく、サービスを次々と進化させたり、相互に連携したりしながら、市民をより楽しく元気にするための工夫がなされ続けています。

しかも、その取り組みには報酬が支払われますし、頑張った企業はその分報われるという仕組みもビルトインされています。介護予防事業という以上に、新しい「コミュニティ産業」が創出される息吹《いぶき》を感じています。

さらに、このビジネスモデルは他の自治体にも横展開することができるため、事業としても大きく成長する可能性を秘めています。豊田市には、他の自治体からこの取り組みの視察が相次ぐようになりました。

もちろん、肝心《かんじん》の社会課題解決への貢献は言うまでもありません。高齢者は介護を必要としない健康寿命が延び、社会コストを下げることができて、国民負担は大きく低減されることになります。

日本の介護費用は10兆円を超えます。このうち例えば3割を介護予防によって削減できるなら、3兆円の市場があるということです。ビジネスを大きくすればするほど、社会課題の解決も進みます。

これだけのポテンシャルのある市場であれば、サービス提供企業の事業規模も拡大し得るでしょうし、資金を供給するファンドも新たな金融ビジネスとして軌道《きどう》に乗っていきます。

## 「社会課題の解決」だから、多くの企業が参画してくれる

このように数多くの企業がビジネスプロデュースのプロジェクトに参画してくれるのは、社会課題をビジネスで解決することを目指しているからです。そこに大義があり、参画する意義があるからです。

もちろん、「自社だけではできないから一緒にやりたい」という側面もあります。どんな大企業であっても、1社で社会課題を解決することはできません。できるのであれば、とっくに実行していることでしょう。

国や地方自治体との連携が可能になるのも、社会課題を解決することを目指しているからこそです。国や地方自治体が、何の理由もなく民間企業のビジネスを支援する

ことはありません。社会課題の解決につながるから、ビジネスプロデュースに関心や興味を持ってくれ、場合によっては、直接的、間接的に支援をしてくれるのです。

**ビジネスプロデュースでは、「競争」や「競合」という概念は重要ではありません。あるのは「共創」や「協創」です。**

他社はライバルではなく、ともに新しいビジネスモデルを創造する相手です。参画している企業はもちろん、住民や地方自治体など、皆が幸せになれることに最大の重点を置きます。

SDGsなどへの関心の高まりが、こうした動きをますます加速させていくことは間違いありません。

日本で社会課題を解決できたならば、それを応用して海外に展開することも可能になります。社会課題先進国の面目躍如《めんもくやくじょ》です。

ちなみに、例に挙げた介護予防事業を豊田市で行なったのは、かつて私たちと豊田市の間に、過去5年以上にもわたって、スマートシティ関連の取り組みを一緒に進めてきたという信頼関係が構築できていたからです。

その背景もあったので、豊田市にこのビジネスプロデュース構想の話を聞いてもらったところ、「我々の課題意識にぴったりだし、ＤＩさんがやるならきっとうまくいくんでしょ」という反応で、市長以下が一体となって、積極的に実現に向けて動いてくれたのです。

## 規模が大きい事業ほど成功しやすい

私たちが考えるビジネスプロデュースは、大企業の経営の柱となり得る規模の新規事業を創造することです。大規模な事業を創造するということが、ビジネスプロデュースという仕事の醍醐《だいご》味《み》の1つです。

大規模な新規事業を生み出すことは、もちろん簡単なことではありません。だからこそ、それができるビジネスプロデューサーのスキルが身につけば、どんなビジネスにも活かせるのです。

そして私は、**「事業規模が大きいほど成功しやすい」**とも考えています。

それは、「ビジネスプロデュースは1社ではなし得ない」ということがカギとなっています。複数の企業が連携することで初めて創出される大規模事業だからこそ、それぞれの企業が成功を目指して全力を傾注《けいちゅう》します。複数の企業が同じ目的に向かって成功を目指せば、途中でどんな障害にぶつかっても、多少の失敗があったとしても、最終的には必ず乗り越えることができます。複数の企業のエース人材が協力し合う形にもなり得ます。その結果、成功確率が上がるのです。

裏を返せば、1社でできる規模の新規事業開発を成功に導くほうが難しいと言えるかもしれません。1社での限界が見えたときに誰も助けてくれないし、新しいアイデアももらえない。やめても他社に迷惑はかからないと思うと、諦《あきら》めようという意思決定もしやすいでしょう。どんなに途中まで上手《うま》く進められたとしても、諦めてしまったら、その時点で即、失敗という扱いになってしまいます。

「千三《せんみ》つ」という言葉を聞いたことがあるかと思います。新規事業開発やベンチャー企業の創業などにもよく使われる言葉で、「1000回挑戦して、ようやく3回成功するくらい難しい」という意味です。

しかし、1000回も新規事業に挑戦させてくれる企業を実際に見たことがありますか？　そんな企業などありません。チャンスはおそらく1回だけ。せいぜい2回でしょう。

失敗するリスクが同じぐらい高く、挑戦する機会が1回ないし2回しかないのであれば、より大きな事業創造にチャレンジしたほうがいい。どうせ挑戦するなら、成功したときのリターンがより大きいほうがいい。こう考えるほうが自然ではないでしょうか。

ちなみに、もし事業規模が小さいほうが事業創造の成功確率が高いのであれば、小さい事業を数多く成功させて、大規模事業と同額を稼ぎ出すことも考えられるでしょう。

３０００億円の事業を創造する場合に、10億円の事業を３００個成功させるのと、３０００億円の事業を粘《ねば》りに粘って１つ成功させるのとでは、どちらのほうが成功確率が高いでしょうか？

私は、３０００億円の事業を１つ成功させるほうが、10億円の事業を３００個成功させるよりも、はるかに簡単だと言いたいのです。

## ビジネスプロデュースとコンサルティングとの違い

ここまで読んできて、「ビジネスプロデュースとは、新規事業開発のコンサルティングのようなものだな」と思われた方もいるかもしれません。

しかし、ビジネスプロデュースと通常のコンサルティングには、大きく異なるポイントがあります。

**図1-5**

## ビジネスプロデュースとコンサルティングの違い

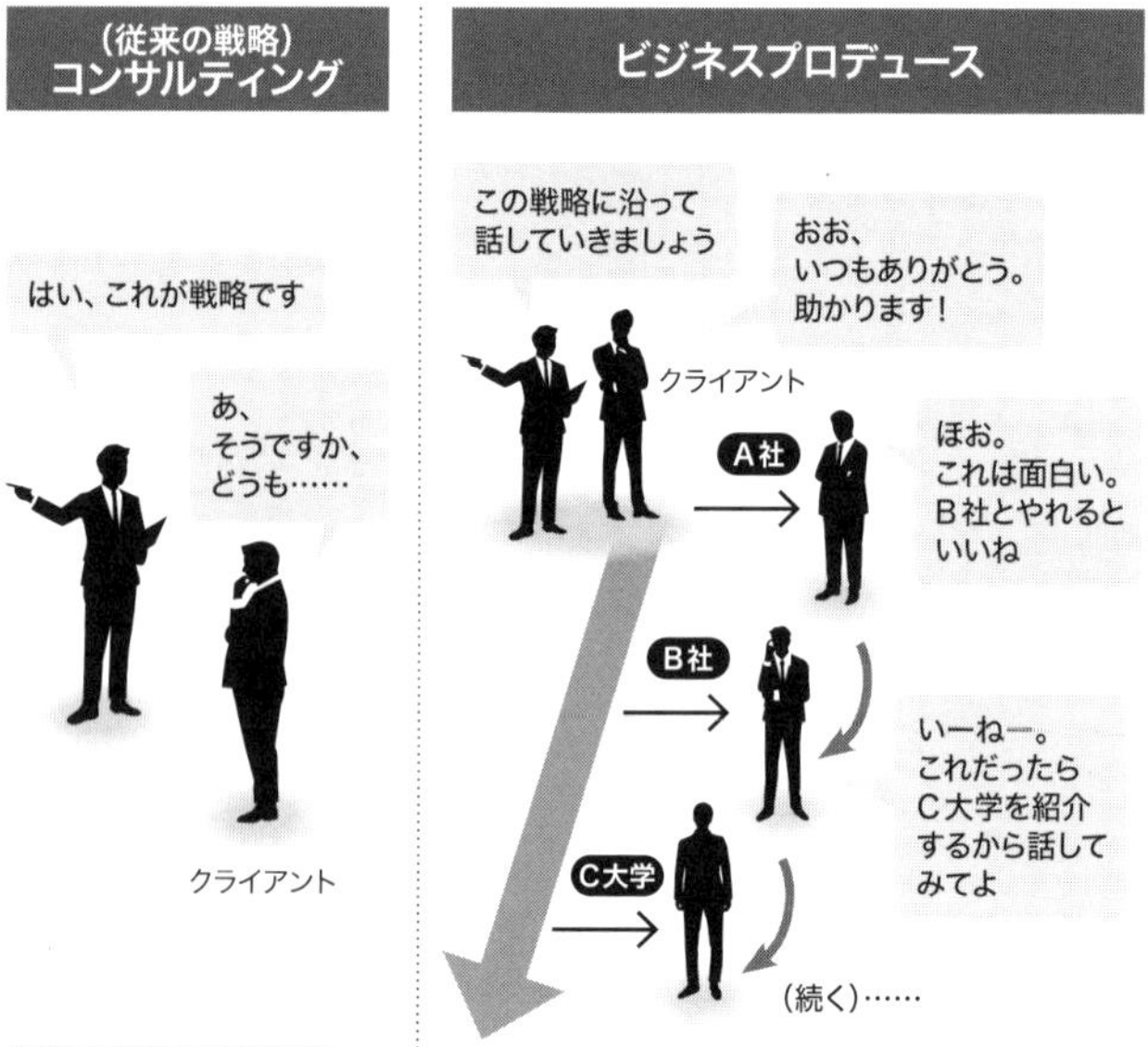
（従来の戦略）
コンサルティング
ビジネスプロデュース
はい、これが戦略です
あ、
そうですか、
どうも……
クライアント
この戦略に沿って
話していきましょう
おお、
いつもありがとう。
助かります！
クライアント
A社
ほお。
これは面白い。
B社とやれると
いいね
B社
いーねー。
これだったら
C大学を紹介
するから話して
みてよ
C大学
（続く）……

**プロジェクトの成果物**

| （従来の戦略）コンサルティング | | ビジネスプロデュース |
|---|---|---|
| **戦略プラン**<br>・机上の論理<br>・報告書 | ⟷ | **実行の成果**<br>・戦略プランは“戦場の兵糧”（必需品）<br>・プランを進化させ続けながら結果を出しに行く |

**特徴**

| （従来の戦略）コンサルティング | | ビジネスプロデュース |
|---|---|---|
| **成果は、<br>クライアント次第**<br>・当然、実行主体は<br>　クライアント<br>・実行しないこともしばしば | ⟷ | **クライアントも動くし、<br>ビジネスプロデューサーも動く**<br>・先頭に立って仲間づくりも交渉も実施<br>・パートナーとWin-Winの構造を創造する |

私たちは事業としてコンサルティングも行なっていますが、コンサルティングでは、クライアント企業と契約をして、そのクライアントが抱えている課題を見つけ、解決することを目指します。ですからコンサル業界では、「とにかくクライアントの話を聞け」「クライアントの中に答えがある」と言われます。

一方、ビジネスプロデュースにおいては、連携する企業をいくつも想定し、ビジネスモデルを構想します。クライアント企業の話も、連携する企業の話も、もちろん聞きますが、どれほど聞いても、それらの企業の中から答えは出てきません。様々な企業や国、自治体などの話を総合する中から、昇華《しょうか》するようなイメージで答えが出てきます。「答えは社会の中にある」のが、ビジネスプロデュースだと言えます。

したがって、ビジネスプロデューサーとコンサルタントは少し違う職種であり、求められるスキルも、その発揮《はっき》の仕方も違います。

## ビジネスプロデューサーは既存の枠組みやルールに囚われない

ビジネスプロデューサーは、既存の枠組みや仕組み、規制やルールなどを一切《いっさい》頭の中から消し去って、「妄想《もうそう》」をすることから始まります。

妄想という言葉は悪いことを想像するときに使われることが多いですが、私たちは「何事にも囚《とら》われず、いい意味で自分に都合《つごう》よく想像する」といった意味で使っています。

規制やルールの中で発想するのではなく、規制やルールを一切取り払ってビジネスモデルを発想するということです。

**従来の新規事業開発であれば、現在ある枠組みや仕組み、規制やルールなどを考慮に入れ、それらを前提に「どうすれば新しいビジネスを作れるか」を考えます。**

**しかし、もはやこうした発想では、成熟した日本市場で大規模事業を創造すること**

**はできないのです。**

妄想は、詳細な知識の獲得や深い分析によって、ファクトの裏づけのある「構想」にステップアップさせます。構想段階では、「既存の規制やルールをどのように変えれば、ビジネスプロデュースが成功するか」、あるいは、「どんな新しい規制やルールが必要となるか」という視点で考え、構想をさらに進化させていきます。

規制やルールなどに一切囚われない発想法の裏にあるのは、**「規制やルールは変えられる」**という考え方です。

一切の制約を持たずに物事を考えるというのは、「言うは易《やす》く、行なうは難《かた》し」です。最初からできる人はほとんどいません。かく言う私も、はじめはできませんでした。

できるようになるには経験を積み重ねるのが一番ですが、私が妄想や構想の段階で心がけているのは、**理想像をできるだけ大きな絵として描く**ことです。

自分が宇宙空間にいて、宇宙空間から地球を見ているイメージです。宇宙空間からでは、地球上の細かいところは見えません。また、宇宙空間は広大なので、大きな社会課題であっても、地球上のものは相対的に小さく見えます。スケールを小さくせず、大きいままで課題を考える。そんな感じです。

課題解決や問題解決と言うと、課題や問題を細かく切り分けて、それをさらに分解して、できるだけ小さくして考えることで解決策を見出すのがセオリーだとよく言われます。

しかし、それとは真逆の発想法で、**大きな課題を大きいまま考える。**それによって、数多くの企業や国、自治体などが連携する、巨大な新規事業を構想することができるのです。

## 規制やルールは変えられる

「一切の制約を持たずに考えると言っても、規制やルールがあるのは事実じゃないか」

と思われるかもしれません。

しかし、規制やルールは変えられます。

例えば、理容師と美容師というよく似た職種があります。どちらも国家資格ですが、理容師については理容師法、美容師については美容師法という別々の法律で定められており、当初はできることが違っていました。1978年に厚生省(当時)が出した通知により、「美容師は男性にカットだけを行なうことができない」などの規制があったのです。美容師は、パーマをかけるなど、美容のための資格だったからです。しかし、この通知は2015年に廃止されました。廃止されたのは、現実として、理容師と美容師との境界が曖昧《あいまい》になっていたからです。つまり、規制が形骸化《けいがいか》していたのです。

なお、理容師のほうは料金規制を含めて厳しい規制が維持されていますが、美容師は比較的自由度が高く設定されています。そのため、美容師の市場は時代のニーズを積極的に取り込んだ様々なサービスを追加し、料金も変えていくことで大きく伸びた反面、規制の厳しい理容師の市場は逆に縮小傾向にあります。

このように規制が形骸化していることを指摘するのも、規制を変える方法の1つです。**「規制を溶かす」**と表現する人もいます。

規制だけではありません。業界ルールを変えることも可能です。

以前はコンタクトレンズを販売する店には、眼科が必ず併設《へいせつ》されていました。コンタクトレンズを購入するために、眼科医の処方箋《しょほうせん》が必要とされていたからです。

実は法律を正確に読むと、**「当時からコンタクトレンズに処方箋の義務はなかった」**のですが、1990年頃のコンタクトレンズは、洗浄・メンテナンスしながらの年単位の長期利用が前提でした。専用の保存液を使ってもどうしても雑菌が残るために、購入時に医師の診察を受けることで安全性を担保するという意味が大きかったようです。業界慣行や業界ルールではありますが、規制レベルと捉えている人も多かったと思います。

こうした購入のハードルの高さも影響し、コンタクトレンズの市場はなかなか伸びませんでした。1992年時点では、日本のコンタクトレンズの市場規模は約1600億円と、眼鏡(約6300億円)の4分の1となっています。

しかし、ジョンソン・エンド・ジョンソンが、コンタクトレンズをディスポーザブル（使い捨て）にすることを考えました。使い捨てだと、雑菌の影響を受けづらいため、医師による診察の必要性が下がります。しかも、「もったいない」と思われがちな使い捨てを「安全性が高い」と打ち出すことで、消費者の心を掴《つか》むことに成功しました。もちろん、使い捨てにするためには安く大量に作れることが前提でしたが、ジョンソン・エンド・ジョンソンは、技術革新と標準化を通じて見事にそれを実現しました。使用期間が短くて済むため、過剰品質を抑えられた点も大きな要因だったようです（古岡信吾「コンタクトレンズ市場の成熟化とコモディティ化をめぐる攻防」『立命館経営学』第49巻第2・3号〈2010年9月〉より）。

ディスポーザブルレンズが普及するにつれて、業界慣行的にも、徐々に処方箋は不要とされるようになり、現在ではインターネット販売などでも購入できるようになっているのはご存じの通りです。そして、2021年の日本のコンタクトレンズの市場規模は2900億円、眼鏡は推計ですが約3000億円と、ほぼ同レベルとなりました。

企業の人たちは総じて、規制やルールが変わることを想定していないことが多いように思います。しかし、実際には世の中に合わせて規制やルールは変わっていくべきだし、政府もそうしたいと思っています。

私がかつて勤めていた経済産業省を含め、各省庁の人たちは、規制やルールを変えるのは実に上手《じょうず》です。新しい法律の案を作ったり、社会の現状に合わせて法律の改正案を作ったりするのが仕事の人たちですから、当然と言えば当然かもしれません。

しかも各省庁の人たちは、どのように規制やルールを変えれば社会にいい影響があるのか、常に考えています。しかし、ビジネスの現場については、そこまでよくわかってはいません。

ですから、**ビジネスの手触り感を持っている人が「このように規制やルールを変えれば、こんないい影響がある」ということをきちんと説明すれば、いくらでも規制やルールが変わる可能性がある**のです。

## 「高い視座」から社会課題の解決を目指す

ビジネスプロデュースには、大切なポイントがいくつかあります。なかでも大切なのが、業界の中で小さなニーズを満たそうと考えるのではなく、視座を上げて社会課題をダイナミックに解決することをビジネスとして目指すことです。

3000億円規模の事業は、「どうすれば自社が儲かるか？」「どうすれば業界が盛り上がるか？」といった視点だけからは生まれません。**「どうすれば社会課題を解決できるか？」という視座の高さ、自社や業界の利益を超えたビジネスの目的を持つことが、逆説的にビジネスチャンスになる**のです。

「新たな事業を創造する」というよりも、「新たな市場を創造する」と言ったほうが、イメージが湧《わ》きやすいかもしれませんね。

そのためには、「社会のことをどれだけ把握しているか」が重要です。社会課題への理解はもちろん、他の企業や政府、自治体が「何に悩んでいるのか?」「何を考えているのか?」まで立体的に把握し、それぞれの関係をつないでWin-Winの仕組みを作ることができれば、巨大な新市場が生まれます。

こうしたビジネスプロデュースを実現するビジネスプロデューサーにとって絶対的に不可欠なのが「高い視座」です。

高い視座を得るには、意外かもしれませんが、「ものごとを深掘りする能力」が不可欠になります。細部まで突き詰めて理解するからこそ、本質を捉えられるようになる。深掘りしないまま俯瞰的《ふかんてき》な視点に立っても、「フワッとしたイメージ」でしか捉えられず、真の意味で視座が高まることはありません。

高層ビルを建てるためには、地下深くまで掘る必要があるのと同じです。深い分析や詳細な知識なしに新しいビジネスを考えようとしても、せいぜい「妄想」にしかなりません。実現可能な「構想」を描くには、分析や知識などの大量のファクトが不可欠なのです。

自社や業界の立場に囚われていては、新しい発想は生まれません。「世の中はこうあるべきだ」という意識を強く持ちながら、業界を跨いで様々な企業と連携し、ときには政府や自治体とも協力する。そうすることで「大きな絵」を描くことができます。

# 第2章

# 1枚1000万円の「マップ」を作る

## ビジネスプロデュースの肝は「マップ」

ビジネスプロデュースは、次の5つのステップに分けられます。

ステップ1：構想する
ステップ2：戦略を立てる
ステップ3：連携する
ステップ4：ルールを作る
ステップ5：実行する

前章で述べたように、ビジネスプロデュースは「妄想」から始まります。その妄想に現実的な修正を加えて、具体的な構想にしていきます。そして、その構想を実現する戦略（含む、ビジネスモデル）を立てます。

戦略が立てられたら、連携したい企業などに提案を行なっていきます。これを私たちは「仲間づくり」と呼んでいます。

仲間づくりができたら、それらの企業と一緒にルールを作ります。ここで言うルールとは、ビジネスの契約のことではなく、新市場、新ビジネス全体の公平で公正なルールのことです。

連携ができ、ルールが決まったら、いよいよ実行です。

このステップは『3000億円の事業を生み出す「ビジネスプロデュース」戦略』『3000億円の事業を生み出す「ビジネスプロデュース」成功への道』にも書きましたが、実は、ステップ1の構想の際に、重要な作業があります。

それが、「マップづくり」です。

マップは、ビジネスプロデュースの肝と言えるものです。**ビジネスプロデュースの成否《せいひ》は、このマップの出来《でき》で決まると言っても過言ではありません。**

私は常々《つねづね》、**「1枚1000万円以上の価値のあるマップスライドを作れ」**と言っています。逆に言うと、それだけの価値のあるマップが必要で、それがないと大きな構想を作ることはできないということです。

マップが構想となり、構想からビジネスモデルを考え、戦略を立てていきます。ビジネスプロデュースの礎《いしずえ》となり、そのテーマの全体像を表現するのが、マップです。

**マップには、社会課題を解決するために、関係者全員が認識しておくべき共通の情報を集約します**。なので、マップを見た人たち全員が、その社会課題を解決するという目標を共有できます。

ビジネスプロデュースは1社ではできません。社会課題の解決は1人ではできませんし、1社でもできません。自分たちだけでできることは限られており、**「他力《たりき》」が絶対に必要となるのがビジネスプロデュース**です。多くの人や企業といった「他力」を借りる必要があります。マップは**「他力を借りるために作る」**と言うこともできます。

こうしたことから、マップの質をいかに高めるかが、ビジネスプロデューサーの当初の最大の注力ポイントになります。

## 色々な人が言うバラバラなことを1枚に整理する

マップの作り方の説明の前に、まず完成形のマップを見ていただきましょう（63ページ図2－1）。約10年前に作ったマップです。マップとはどういうものか、イメージを持っていただければと思います。

このマップは、私と、過去に医療業界で仕事をした経験があるメンバーとの2人で作りました。きっかけは、そのメンバーの問題意識でした。

彼は、「日本の医療機器メーカーが海外企業に負けている」という問題意識を持っていて、その理由を色々と私に説明してくれました。しかし、当時はまだ医療機器の知識が乏《とぼ》しかった私にはなかなか理解できませんでした。とにかく色んな話がぐちゃぐちゃに語られていると感じたのですが、当《とう》の業界にいると、すべてが常識的に理解されて前提を飛ばして議論するので、普通の人にはわかりにくいのだろうと思いました。

そこで、ホワイトボードを使って、「それって、こういうこと？」と順番に彼の言っている話を整理していくと、「そうなんです」と言うので、「本当だったら凄《すご》いことだけど、そのままじゃ伝わらないから、何がどのくらいなのか定量化していこうよ」と、ひとつひとつ紐解《ひもと》くように定量化していきました。

何度も繰り返すうちに、少しマップらしくなってきたので、マップを持って様々な有識者に話を聞きに行って、マップを進化させていき、完成させました。

「なぜ、日本の医療機器メーカーは海外企業に負けているのか？」という疑問を、厚生労働省、経済産業省、医療機器メーカー、医療関係者などにぶつけると、会う人、会う人が違うことを言います。中には「負けていない」と言う人もいます。

それは、それぞれが自分の専門分野のことだけを話すからです。例えば、ある人はMRIやCTの話をします。またある人は人工関節や人工血管の話をします。手術の糸や注射針の話をする人もいました。

図2-1

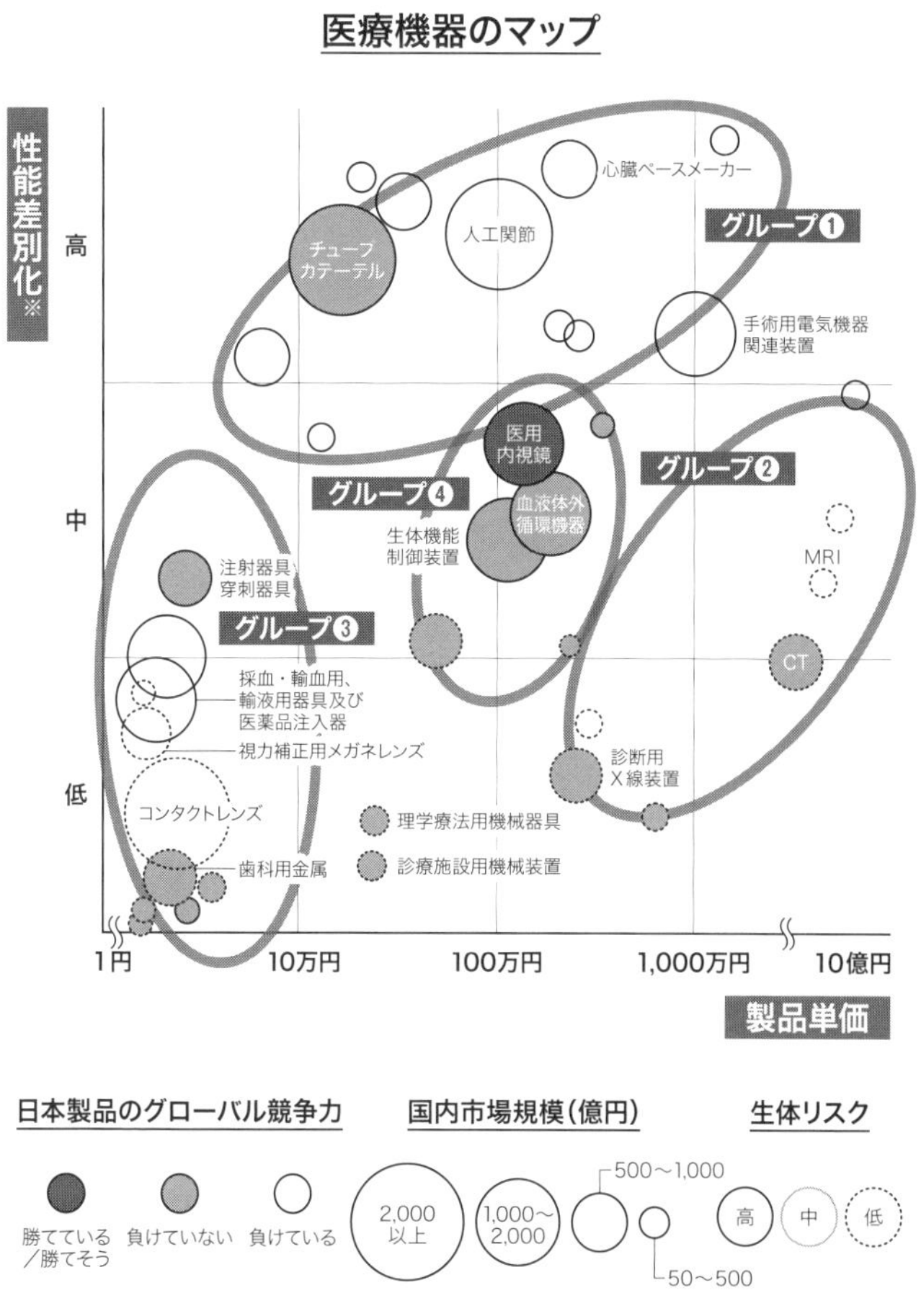


※高：先進国で必要、中：新興国でも必要、低：重要でない
注：「処置用機器」及び「生体内移植器具」は市場規模が大きいため、一段細かい分類を採用
出所：「平成22年 薬事工業生産動態統計」、記事検索、DI分析

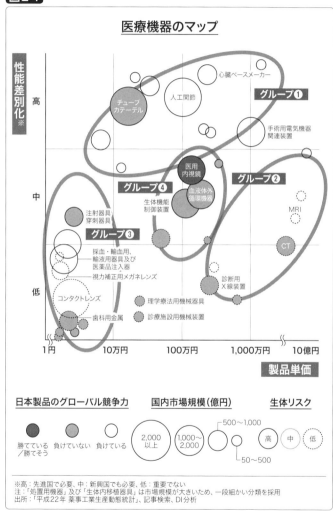

**色々な人が色々なことを言うのは当然です。それぞれ自分が大事だと思うことを話してくれるからです。**専門家にはそれぞれの立場があり、専門にしている分野は細かく分かれています。

**それら全部の話を聞いて、自分たちなりに捉え直し、構造化して、1枚の紙の上に表現したものが、マップです。**

マップができると、一見矛盾《むじゅん》するように思える色々な人たちの話が理解できるようになります。「Aさんは全体の中のこの部分について話していて、Bさんは別のこの部分の話をしているのだな」ということがわかるようになるからです。すると、相手とより深い話ができるようになります。全体像を示しながら、「あなたの話はこのあたりのことですね」と共通認識を持ったうえで、その部分の議論ができます。

また、この**マップを見せながら話をすると、相手にとっても気づきが得られます。**「この人と議論をすると得られるものがある」と相手に思ってもらえると、関係が深くなりますし、その後のビジネスプロデュース実現に協力してもらいやすくもなります。

## マップ上でグルーピングをする

このマップでは、多種多様な医療機器の全体像を把握するために、横軸に「製品単価」、縦軸に技術レベルをとっています。技術レベルは1つの指標で数値化するのが難しいので、「性能差別化」と表現し、「高」「中」「低」の3つに大きく分けることにしました。語弊《ごへい》があるかもしれませんが、「高」は先進国で必要とされる医療機器、「中」は新興国でも必要とされる医療機器、「低」はそれほど重要ではない医療機器というイメージです。

また、日本製品のグローバル競争力を「勝てている、勝てそう」「負けていない」「負けている」の3つに分けて、円の色の濃度で表現しています。円の大きさは、国内市場規模です。

そして、円の縁取《ふちど》りで「生体リスク」を表わしています。例えば、身体に埋め込む人工関節は生体リスクが高く、簡単に取り外しができるコンタクトレンズは相対的に生体リスクが低い、という具合です。

つまり、様々な医療機器について、「製品単価」「性能差別化」「グローバル競争力」「国内市場規模」「生体リスク」の5つの情報を表現しているのが、このマップです。

このように、**マップは縦軸と横軸の2軸で構成されていますが、円の大きさ、色やその濃度、縁取りの線などで、表現できる情報は5～7種類詰め込めます。**

このマップを見ると、確かに、ほとんどの医療機器で日本企業は海外企業に負けています。

しかし、マップの真ん中あたりには、勝っている医療機器、負けていない医療機器があることがわかります。オリンパスが強い「医用内視鏡」や、シスメックスが強い「生体機能制御装置」などのグループ④です。製品単価が中程度で、技術レベルも中程度のものについては、日本企業のグローバル競争力は高いのです。

次に、日本企業が負けている医療機器の分布を見ると、技術レベルが高いグループ

①と、技術レベルは中程度で製品単価が高いグループ②、技術レベルは高くなくて製品単価も安いグループ③に分けられます。

グループ①については、テルモの「チューブ・カテーテル」が何とか勝負になっているぐらいで、それ以外はほぼ全敗です。残念ながら、日本企業の製品開発力は高くないということが見えてきます。これが、日本企業が負けている理由の１つではないかと推測できます。

次にグループ②を見てみましょう。ＭＲＩやＣＴといった高額医療機器の領域です。この領域で勝っているのは、フィリップスなどの海外企業です。その勝因を深掘りしてわかったのは、医療機器単体を販売しているのではなく、病院システム全体の最適化をビジネスとして行なっているということでした。「機器そのものの性能」ではなく、「システム全体でのデータ連携や使いやすさ」を武器に戦うことで勝っているのです。

一方、日本企業は機器を単体で販売しています。これがグループ②における敗因のようです。

グループ③は、製品単価が安い医療機器です。「注射器具」や「歯科用金属」のように日本企業が負けていない医療機器もいくつかありますが、圧倒的に強いのが、ジョンソン・エンド・ジョンソンです。安価な医療機器のほとんど全部を自社内にそろえており、それらをまとめて病院に購入してもらう営業力やチャネルの力が、その勝因です。

日本企業は医療機器ごとに扱っている企業がバラバラです。買う側の医療機関にしてみれば、医療機器ごとに別の会社と契約しなくてはなりません。それよりも、1社からまとめて購入できるほうが利便性が高く、時間もお金も節約できます。

グループ③の敗因は、海外企業の品ぞろえと営業力に太刀打《たちう》ちできていないことだと言えます。

このように、**マップを作ることによって、「医療機器で日本企業が海外企業に負けているのはなぜか」という疑問を深掘りできます。**

例えばグループ①については、「日本企業の製品開発力が高くないのはなぜか」という、一段深い疑問が生まれてきます。

日本では、厚生労働省が決めた診療報酬の点数で医療費が決まります。病院の収入はほぼ診療報酬で決まってしまうので、医療機器の購入に使える金額に限りがあります。高い値段の医療機器は買えません。

医療機器メーカーとしては、高額な医療機器を作っても回収に見合う金額設定ができないとなれば、開発投資が巨額でリスクも高い先端医療機器を作るのを渋《しぶ》るようになります。その結果、日本企業は総じて製品開発力が弱くなっていったのではないでしょうか。

つまり、グループ①については、診療報酬の決め方という国の施策《しさく》に問題があるのではないかという仮説が立てられます。とするならば、その解決のためには国に動いてもらう必要があります。

グループ②については、国というよりも、企業のビジネスモデルの問題、グループ③は、企業の商品ラインナップや営業力の問題でしょう。

このように、グループによって、課題解決のために打つべき手が違うこともわかります。

この医療機器マップを作ってから、政府、医師会や研究機関、医療機器メーカーなどに呼ばれて講演をする機会が多くなりました。専門家から信頼され、専門的な話ができる相手だと認められた証拠だと自負《じふ》しています。

皆、自分の専門とする領域については詳しく知っているのですが、専門領域を超えた全体像を見渡すことは意外にやりません。だからこそ、マップを作ると、新しい発見があるのです。

## 「いいマップ」の3条件

私たちが考える「いいマップ」とは、次の3条件を満たすものです。

- **全体像がわかる**
- **関係性がわかる**
- **新しい発見がある**

図2-2

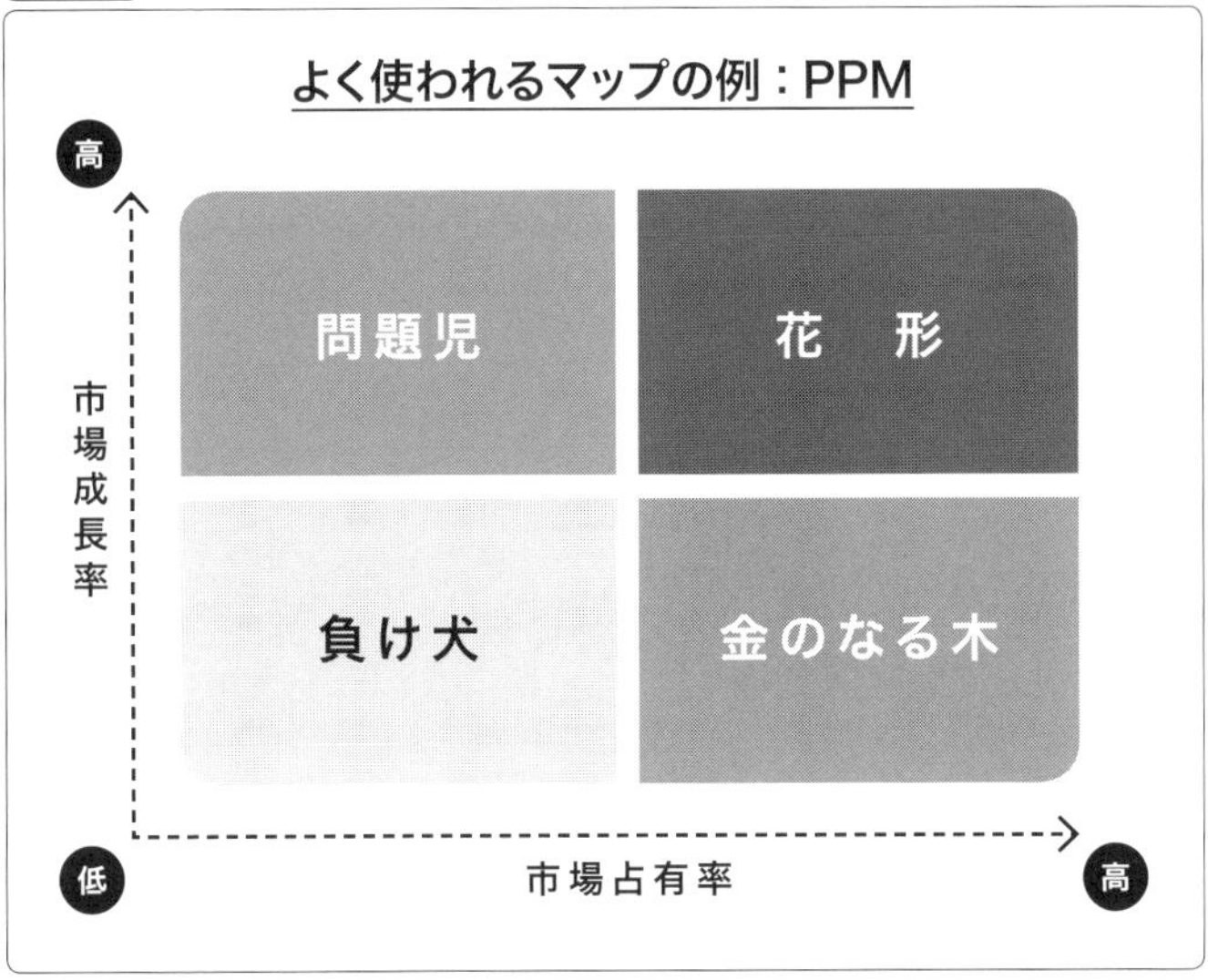


マップは、なかなか一発で完成させられるものではありません。後述するように、縦横の軸に何をとるかなど、試行錯誤しながら完成させていくものです。最初に作るマップは、関係性が見えづらかったり、新しい発見がなかったりします。それでも、この3条件を満たすことを目指して、色々と軸を変えたりしながらマップを作り続けるのです。

マップの中には、汎用性《はんようせい》が高く、広く使われているものもあります。

ボストンコンサルティンググループが開発した「PPM（Product

Portfolio Management)」（図２－２）と呼ばれるマトリクスも、その1つです。

ＰＰＭでは、「市場成長率」と「市場占有率《せんゆう》」を2軸にとります。市場成長率も市場占有率も高い製品や事業が「花形」。市場成長率は高いが市場占有率は低い製品や事業が「問題児」。市場成長率は低いが市場占有率が高いのが「金《かね》のなる木」。市場成長率、市場占有率とも低いのが「負け犬」です。自分たちの商品や事業について、それぞれがどこに位置しているのかが、このマップで一目瞭然《いちもくりょうぜん》になります。

この1枚を見ながら、「この事業はもういらないよね」「ここにはもっと投資をしたほうがいいんじゃないか」などと皆で議論ができます。

## コンサルタントが作るマップとの違い

ＰＰＭはコンサルティングでよく使われるマップですが、コンサルタントが作るマップとビジネスプロデューサーが作るマップは、目的が違います。

コンサルタントは、例えば、クライアント企業のブランドと競合他社のブランドを並べて、売上や広告投資額などを比較するようなマップを作ります。それは、クライアント1社のために作るマップです。クライアントがビジネスをしている領域において、クライアントにとって最善の戦略を立てることがコンサルタントの仕事だからです。

一方、ビジネスプロデューサーのマップは、違う領域の違う立場の人たちに共通認識を持ってもらい、議論を噛み合わせるためのものです。ですから、時には業界も超えて、あるテーマの全体像を表現します。特定の1社のために作るものではありません。

**「1枚のマップで、関係者全員が、あるテーマの全体像を理解できるようにしたい」**

ビジネスプロデュースにおけるマップは、そのためのものです。

## まずは膨大な量のインプットをする

マップとはどういうものか、イメージを持っていただいたところで、具体的な作り方の説明に入りましょう。

**マップは1枚ですが、その1枚の裏には膨大な量の情報があります。**医療機器のマップの裏にも、もとになる医療機器ごとのデータや海外企業の勝因の分析などがあります。

ですから、**最初にやるべきことは、とにかくインプット**です。選んだテーマに関する知識量、情報量を増やします。インターネットはもちろん、本や雑誌、新聞など、あらゆる情報源に当たります。

**色々な人に話を聞きに行くのも、インプットを増やすために必要不可欠**です。色々な人が色々なことを言います。まったく正反対のことを言っているように思える人もいるでしょう。

例えば、「ESG経営をするうえで自社が抱える課題」について、社長や総務部門のトップ、品質保証部の部長などに社内インタビューを行なうと、「E（環境）」の話をする人もいれば、「S（社会）」の話をする人もいて、「G（ガバナンス）」の話をする人もいるでしょう。さらに、10年以上前にやった過去の話をする人もいれば、現在の取り組みについて話す人も、5年先や10年先のことを話す人もいるでしょう。

こうしたとき、**誰かの意見が正しく、誰かの意見が間違っているという判断をするのではなく、ESG経営というテーマ全体の中のどの部分についての話をしているのかを考えます。**

「社長は過去のGの話をしているんだな」「総務部門のトップは5年後のSの話をしているんだな」などと気づいたら、縦軸を「E」「S」「G」と3つに分け、横軸を「過去」「現在」「未来」と分けたマトリクスを作ることで、そのマトリクス上にそれぞれの人の話を配置してみます。これが、マップになります。

そのマップを見れば、自社の主要な関係者のESGについての考えの全体像が把握でき、それぞれの話の関係性も見えてきます。こうした共通認識を持つと、「これから当社は何に注力すべきか」という議論をするにしても、有意義な議論ができるでしょう。逆に、こうした共通認識なしに議論を行なうと、どんなに長時間議論しても、議論が噛み合わず、結論が出ないということになりかねません。

**様々な資料や人たちから情報を集め、一見バラバラに見える情報を1枚に整理することに、マップを作る価値があります。**

なお、**マップを作るために集める情報は、意外にも公開情報で十分なことがほとんどです。**資料を探したり、関係者に話を聞きに行ったりすれば、誰でも入手することができる情報です。特別なルートからマル秘の情報を得る必要はありません(むしろ、そんな情報を使って作ったマップは、部外者に見せることができず、使えないものになるでしょう)。ですから、その気になれば、マップは誰にでも作れます。

マップの裏づけとなる情報は、マップの添付《てんぷ》資料として整理しておき、必要があればミーティングやプレゼンの際に見せられるようにしておくといいでしょう。資料を作るために新たな情報を集めることはなく、マップを作る過程で集めた情報を整理すればいいだけです。見る人の関心ポイントや背景知識に合わせて、見せ方を少し加工するなどすれば、納得感を高める資料が作れます。

## 先に目的を決めておく

マップづくりで最初にやるべきはインプットだと述べましたが、**集めたデータや情報を積み上げていく「ボトムアップ」だけでは、マップは作れません。**なぜなら、ボトムアップだけのアプローチでは調べることが多くなりすぎて、インプットだけでチームが疲弊《ひへい》し、疲れ果ててしまうからです。

マップは、「このテーマについての全体像を表現することを目指そう」というゴールを決めて、そのゴールに向かって作っていきます。

先ほどの医療機器のマップで言えば、「医療機器で日本企業が海外企業に負けているのはなぜか」を表現することが目的です。そのために必要な情報をインプットしました。

これは、**主張したいことが先にあり、それを主張するのに都合のいいデータを集めるということではありません。**主張ありきで作られたマップに新しい発見はありません。誰もが初めて見て驚くようなマップでなければ、ビジネスプロデュースにつながることはないでしょう。

また、**ビジネスモデルを先に構想していて、その実現のための協力を得る説得材料としてマップを作るわけでもありません。**

私たちは、マップを作る段階では、ビジネスにつなげることを考えていません。そのため、実際、半年ぐらい調査を重ねて作ったにもかかわらず、いまだにビジネスプロデュースにつながっていないマップもあります。

**ビジネスにすることを前提にマップを作ろうとすると、どうしても視野が狭くなります。**「ビジネスになりそうにないな」と感じた情報を省《はぶ》いてしまうと全体像にならなくなり、大きな絵も描くことができなくなります。それでは、3000億円の新規事業は生まれません。

マップを作って、それについて色々な関係者の意見をもらう中から、マップの全体をつなぐビジネスモデルの構想が生まれてくるのです。

ですから、**マップはできるだけ全体像が大きくなるように描いてください。**マップづくりで最も大切になるのが、この全体像づくりです。狭くなってしまうと、マップの価値が上がりません。

私は、ビジネスプロデュースを行なっているマネジャーに、よくこう指摘します。
「このマップじゃ狭すぎる。もっと広げないとビジネスプロデュースにならない」
「全体像が小さくないか。もっと広げられるんじゃないか」と、常に問いかけましょう。

マップを色々な人に見せて、説明をしたり、意見をもらったりしていると、マップの一部だけについて興味を持つ人にも出会います。そんなときに、「それでしたら、A社と一緒にビジネスを立ち上げるといいかもしれませんね」などと、人を紹介することもあります。私たちとしては、マップを作り、人の紹介までして、何のリターンもなかったりするのですが、それでもいいと思っています。

もちろん、私たちは慈善団体ではなく、ビジネスをしているのですが、3000億円のビジネスプロデュースが1つ軌道に乗れば、お金にならないマップが1つあっても、何の問題もありません。

それらは**「社会に対しての貯金」**だと考えています。貯金は、いつか回り回って、自分たちのところに形を変えて戻ってくると期待しているわけですが、意外に短期間で戻ってくることが多い気もします。

## 試行錯誤しながら縦横の2軸を決める

**マップは、作り始める当初から、そのテーマに関する情報を、とにかく1枚のマップに全部入れ込んで表現することを目指します。**

最初から1枚で表現しようとすることがとても重要です。私の経験上、いったん5枚で表現してから1枚に集約しようとしても、うまくいきません。5枚はどこまでいってもち5枚のままになりがちです。

1枚で表現するためには、縦横の軸の選び方が重要になります。

**軸を考える際には「違い」に注目します。**先ほどの医療機器のマップの例で言うと、物理的な大きさや買い替え頻度《ひんど》など、医療機器には様々な違いがあります。こうした違いが軸の候補になります。その中で、どの違いを軸にするかを考えます。

これは経験を積んでもなかなか難しく、一発でうまくいくことはありません。まず頭の中で考え、「これがよさそうかな」と思ったら、実際にそれを軸にとってマップを作ってみます。そうした**試行錯誤を繰り返しながら、ベストなものを探します。**

医療機器のマップでは、横軸の「製品単価」は、比較的簡単に決めることができました。医療機器には数百円の安価なものから数千万円以上する非常に高価なものまであり、それぞれ製造しているメーカーやビジネスのやり方が違うので、製品価格によって整理すると全体像を把握しやすいのではないかと考えたのです。

問題は、縦軸に何をとるかでした。

最初に目をつけたのは「侵襲性《しんしゅうせい》」でした。侵襲性とは、図2-1では「生体リスク」として、円の縁取りで表現したものです。

しかし、侵襲性を縦軸にとってみても、「医療機器で日本企業が海外企業に負けているのはなぜか」について見えてくるものがありませんでした。そこで、別のものを軸にとることを考えました。

考え直して、性能差別化（≒技術レベルの高さ）を縦軸にとってみたところ、先述したように、日本企業が負けている原因を考えるのに役立つグルーピングができました。

マップでは最大7つほどの情報を同時に表現できます。代表的な表現方法としては、縦軸、横軸、円の面積、円の内部色、円の縁取りの色、円の枠線の太さ、枠線の種類です。

軸にとらない情報も捨てずに、基本的には、あらゆる情報を定量化、数値化して、マップ上で表現することを目指します。軸にとらなかった侵襲性の情報も、円の縁取りで表現して残しました。

縦軸と横軸は特に重要な情報を表現するときに使いますし、円の面積や内部色も比較的重要なもので使えます。それ以外は相対的に重要でないものを表現するときに使うといいでしょう。

多くの情報を1枚で表現するのは非常に大変な作業ですが、大変な分だけ、完成したマップは価値が高いものになります。

## マップづくりから構想が生まれる

マップの完成度が高ければ、それを見た人たちから信頼されます。なぜなら、これまでに見たことがない新しい発見があるからです。

マップづくりの段階で、様々な人たちに会いに行きます。そうした人たちの中で強く関心を示してくれた人たちや企業が、ビジネスプロデュースが進んでいった際の連携先になることが多くあります。その意味では、**マップづくりの段階から連携を始めている**ようなものです。

マップの完成度が高ければ、どこに課題があり、どうすればそれが解決できるのか、どうすればその課題解決がビジネスになるかといったことが、ある程度見えてきます。どういった企業と連携すればビジネスが大きくなりそうかも見えてきます。

マップづくりは、構想のための最初の重要な一歩です。ビジネスモデルを構想するために必要不可欠なものがマップであり、マップによって、ビジネスプロデュースの全体像と重要ポイントが見えてきます。

繰り返しになりますが、マップがあることで、チーム全員が同じ絵を見て議論ができます。外部のパートナー企業とも同じ絵を見て議論ができます。これがマップの重要性であり、最大の効能です。

さらに言えば、その社会課題に関係する政府の担当者が見て、行政がやるべきことが何かを考えることもできます。「ここは民間に任せよう」「ここには補助金をつけよう」「新しいルールを作ろう」と考えると、政策にもつながっていきます。

第 3 章

# 「共感力」と「深掘り力」の高次元でのハーモニーを目指す

## 「深掘りタイプ」と「共感タイプ」

前章で見たように、マップを作るためには、大量の資料を調べて分析し、数値化・定量化し、思考を深めるスキルが必要です。それとともに、数多くの人たちに会いに行き、話を聞くスキルも必要です。

私たちは、社内で延《の》べ数百人のビジネスプロデューサーを育ててきました。その経験からわかったことは、人によって、前者のスキルが得意なタイプと、後者のスキルが得意なタイプがいるということです。

前者のスキルを「深掘り力」と呼び、それが得意なタイプを「深掘りタイプ」、後者のスキルを「共感力」と呼び、それが得意なタイプを「共感タイプ」と呼んでいます。

**深掘りタイプ**は、ある物事をトコトンまで深く掘り下げて調べたり、分析したり、考えたりすることが得意なタイプです。様々な角度から論理的に考えることができ、数字にも強く、何事も自分が納得いくまで粘り強くやり切ることができます。

そのため、研究職やコンサルティング職などでその能力を遺憾《いかん》なく発揮し、活躍している人が数多くいます。

しかし、人付き合いや他人と話すことは苦手です。そのため内にこもりやすく、独《ひと》りよがりになる傾向があります。また、せっかく深く調べたことを、ポイントを絞《しぼ》ってまとめることができず、他人にわかりやすく伝えるのも不得手《ふえて》です。あらゆる面で作業が遅いという最大の弱点も抱えています。臨機応変に動くのも得意ではありません。

**共感タイプ**は、人の気持ちを察して、仲よくするのが得意なタイプです。人と話すのが上手いので、相手から色々な話を聞き出し、その要点をさっとまとめてアウトプットすることができます。その作業のスピードは速く、内容も割と的を射ています。

学生時代、あなたの周りにも、友達から借りたノートのコピーで勉強して試験を乗り切ってしまう要領のいい人がいたのではないでしょうか。そうしたタイプの人たちのことです。

**図3-1**

## 共感タイプvs.深掘りタイプ

| | 共感タイプ | 深掘りタイプ |
|---|---|---|
| 長所 | ●人の気持ちを察し、仲よくする<br>●高速作業ができる<br>●どんなことでもうまく対応できる | ●様々な角度で深い調査や深い思考ができる<br>●とことん粘り強く最後までやる<br>●突き詰めるとブレない |
| ↕ | ↕ | ↕ |
| 欠点 | ●思考が浅い(深掘りという概念がない)<br>●ある程度やってできないと飽きて放置してしまう<br>●突き詰められないので後でブレる | ●人付き合いがうまくない<br>●調べたことを上手に表現できない<br>●作業が遅い<br>●色んなことに対応する力が弱い |

ただ、物事を調べて深く掘り下げて考えることが苦手なため、思考が浅く、ある程度考えてわからなかったり、やってみてできなかったりすると、飽《あ》きて、放置してしまいます。突き詰めて考えることをしないので、相手の発言に脊髄《せきずい》反射で言葉を返すなど、何事においても拙速《せっそく》になりがちです。他人の発言に左右されやすく、考えがブレやすいという弱点もあります。

深掘りタイプと共感タイプは、コインの裏表の関係です。**深掘りタイプが得意なことが、共感タイプは苦手です。逆に、共感タイプが得意なことは、深掘りタイプが苦手なことです。**

つまり、深掘りタイプは共感力が弱く、共感タイプは深掘り力が弱いのです。

「Aさんは共感タイプだな」「Bさんは深掘りタイプだ」などと、具体的にイメージできる人が身近にいるのではないでしょうか。

講演で「自分はどちらのタイプだと思いますか?」と聞いて手を挙げてもらうと、

だいたい半分ずつに分かれます。商社では共感タイプが少し多く、メーカーでは逆に深掘りタイプが少し多い印象があります。

## なぜ得意な能力だけではダメなのか？

マップづくりでは、深掘り力と共感力の両方が必要です。資料からも人からも大量のインプットをして、思考を深めなければなりません。

ビジネスプロデュースにおいて深掘り力と共感力の両方が必要なのは、マップづくりだけではありません。

第2章で紹介した5つのステップのうち、ステップ1「構想する」とステップ2「戦略を立てる」については、特に深掘り力が求められます。そして、ステップ3「連携する」以降では、特に共感力が求められます。

しかも、これはどちらに重点を置くかという問題で、すべてのステップにおいて両方の能力が必要な場面が出てきます。

ビジネスプロデューサーになるためには、両方の能力を兼ね備えなければなりません。**深掘り力と共感力の高次元でのハーモニーが、ビジネスプロデュースを成功に導く一番重要なファクター**だと言っても過言ではありません。

また、1プレイヤーからマネジャーへ、さらにトップマネジメントへと昇進していくことを考えるなら、ビジネスプロデューサーでなくても、両方の能力を鍛えることが必要です。

例えばコンサルタント（特に戦略コンサルタント）は、論理的に考えることに長け、調査・分析・定量化することが得意な深掘りタイプが多い印象を持っています。これらの能力でコンサルティングを行ない、コンサルタントとして深掘り力を日々駆使《くし》することで、深掘り力がより鍛え上げられ、どんどん高度化していきます。その結果、コンサルタントとして大成《たいせい》します。

しかし、コンサルタントであっても、**チームをマネジメントする立場になれば、メンバーをまとめあげるために、また、顧客と高度なコミュニケーションをとるために、共感力が必要となります。**コンサルタント職に限らず、深掘りタイプが、深掘り力だけで、ポジションを上げていくことは難しいでしょう。

深掘りタイプが、共感力を高めることなく、深掘り力のさらなる向上だけに邁進《まいしん》すると、どうなるか。おそらく「職人」と呼ばれるような人になります。職人タイプを目指すのであれば、得意な深掘り力で、得意な専門分野をどんどん究《きわ》めていくのもいいかもしれません。

一方、共感タイプが、深掘り力を鍛えることなく、共感力のさらなる向上だけに邁進すると、どうなるでしょうか。おそらく「社内政治家」と呼ばれるような人になります。高い共感力を駆使して、社内を上手に泳ぎ回りながら出世していくタイプです。

共感力が高いだけの社内政治家が社内の主要ポストを占めている企業がどうなるかと言えば、まず間違いなく衰退していくでしょう。社内政治ばかりはびこる企業が、画期的な商品やサービスを創出できるはずがありません。

まして、**既存の本業が耐用年数を超えてしまっていて、経営の柱となる新規事業創造が喫緊の課題なのだとしたら、共感力だけでできることには限りがありそうです。**

深掘り力と共感力をバランスよく鍛え、両方をバランスよく身につけた人が、ポジションを上がっていくのが理想です。ですから、経営者はもちろん、大企業の役員クラスなら、少なからず両方の能力を身につけており、場面場面でタイプを切り替えて、それぞれの能力を発揮しているはずです。

## 苦手な能力も鍛えれば伸びる!

**ビジネスプロデューサーを目指すうえで重要なのは、まず、自分のタイプを知ることです。**タイプを知ることで、どのようなスキルを鍛えるべきかを意識できるようになります。

**本来、人間には、深掘り力と共感力の両方の能力が備わっています。**どちらか一方の能力が発揮しやすいというだけで、もう一方の能力も、意識してトレーニングすれば、鍛えることができます。

私自身も、これまでを振り返ると、深掘りタイプ優位だった時期と共感タイプ優位だった時期がありました。

私は中学時代まで、深掘りタイプだったと思います。細かいことがやたらと気になり、何をやっても時間がかかって、なかなか前に進めることができませんでした。こうした自分の性格というか、特性が非常に嫌《いや》で、「何でも上手く、速くやれる器用な人になりたい」「細かいことを気にしない、細かいことで悩まない人になりたい」と思っていました。本書で言う共感タイプにあこがれたのです。

そこで、共感タイプを目指して、中学、高校時代はひたすら人付き合いを重視し、何事も要領よくやることを意識しました。

大学は理系学部を選んだため、深掘り力を高めた効果はあったと思いますが、大学生活やその後の社会人生活を送る中で、かなり共感タイプ優位な人間になっていました。

31歳でA.T.カーニーという戦略コンサルティング会社に転職すると、突然に高いレベルの深掘り力が求められました。長らく共感タイプだった私は、あまりにも考えが浅すぎて、このままではまったく通用しないことを痛感しました。今一度、深掘り力を相当なレベルで鍛えるべく、コンサルタントの仕事を通じてトレーニングする日々を送りました。

そのおかげで、34歳でDIに入社した時点では深掘り力が相当に鍛えられていました。しかしながら、どちらかと言えば、まだ共感力のほうが高かったと思います。割と早くマネジャーになり、「共感力を駆使して、チームメンバーたちともとても上手くやっている」と自分では思っていました。

ところがある日、深掘りタイプのメンバーから、こう言われました。

「三宅さん、考えが浅くないですか」

非常にショックだったのを今でも覚えています。それからは、また深掘り力を鍛え上げることを意識するようになりました。

**ビジネスプロデュースでは、高い深掘り力が求められる場面もあれば、高い共感力が必要とされる場面もあります。**そのため、ＤＩで数々のビジネスプロデュースに関わることで両方の能力が徐々にバランスよく鍛えられ、何とかビジネスプロデューサーへの道を歩むことができました。

## 高次元でのハーモニーへは「振り子」のように向かっていく

**深掘り力と共感力は相反《あいはん》する能力であるため、同時に高めることはお勧めしません。**深掘り力と共感力のどちらか、苦手なほうの能力を鍛えることに、かなり意識して振ったほうがいいと思います。例えば共感タイプであれば、深掘り力を鍛えることに集中します。すると、だんだん深掘りタイプに変わっていきます。深掘りタイプに変わったら、今度は共感力を鍛えることにシフトします。すると、また共感タイプに変わってきます。ただし、以前よりもレベルが高い共感タイプです。

このように、一方に振りながら、振り子のように両方の能力を上げていく方法がベストウェイではないかと思っています。

**ビジネスプロデュースの能力は、深掘り力と共感力の、低いほうの能力に制約されます。**深掘り力がいくら高くても、共感力が低ければ、ビジネスプロデュースの能力は低くなります。逆もまたしかりです。

ですから、深掘りタイプは、とにかく共感力を上げることに注力してください。逆に、共感タイプは、深掘り力をいかに上げていくかに注力してください。

苦手意識によって眠らせてしまっているもう1つの能力を目覚めさせることが、ビジネスプロデューサーへの道となります。

それでは、深掘り力と共感力が高次元でハーモニーしているビジネスプロデューサーになるためには、具体的にどのようにして、それぞれの能力を鍛えればいいのか。

次項以降で説明していきます。

**図3-2**

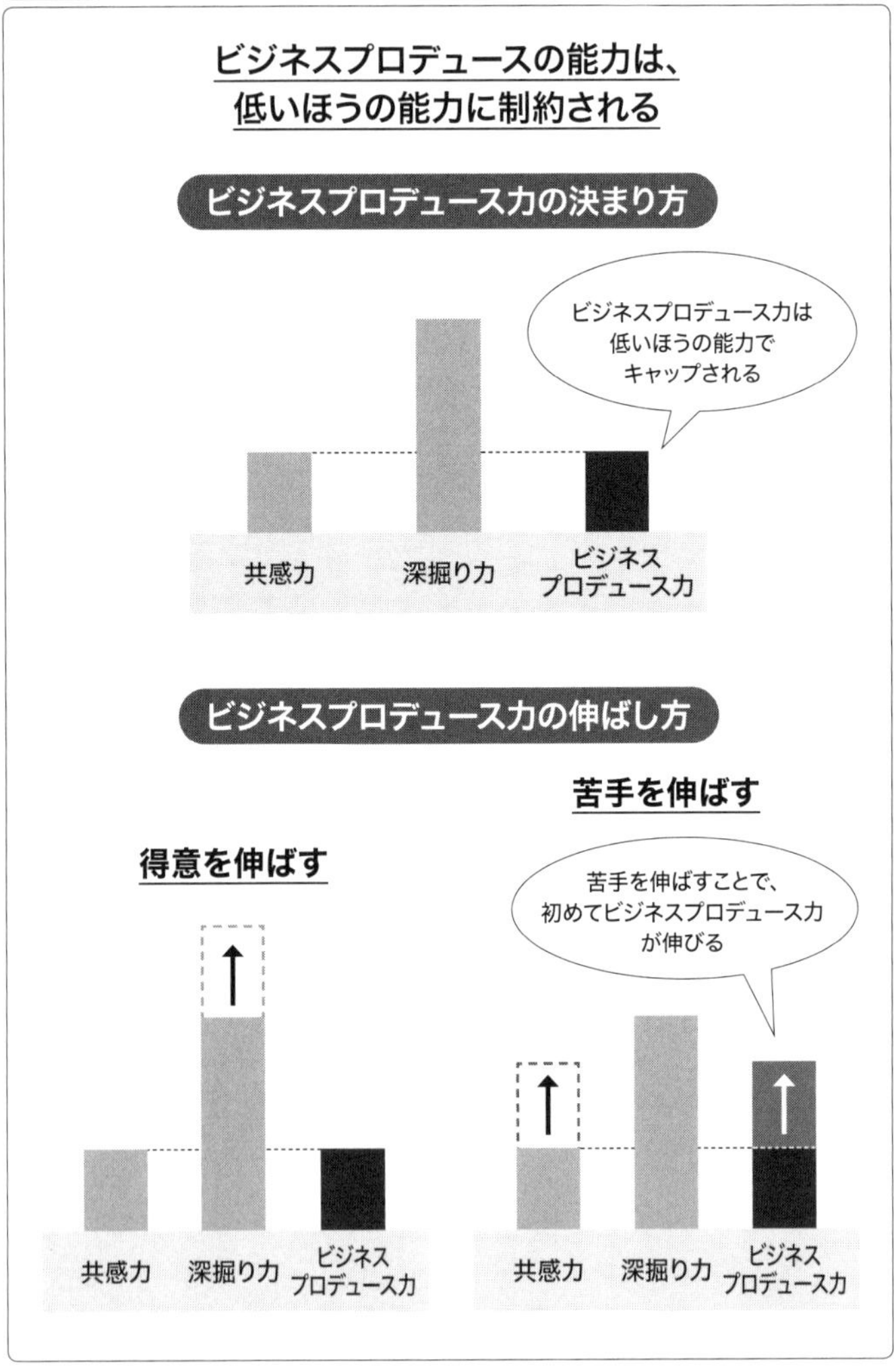

ビジネスプロデュースの能力は、
低いほうの能力に制約される
ビジネスプロデュース力の決まり方
ビジネスプロデュース力は
低いほうの能力で
キャップされる
共感力
深掘り力
ビジネス
プロデュース力
ビジネスプロデュース力の伸ばし方
苦手を伸ばす
得意を伸ばす
苦手を伸ばすことで、
初めてビジネスプロデュース力
が伸びる
共感力
深掘り力
ビジネス
プロデュース力
共感力
深掘り力
ビジネス
プロデュース力

## 共感タイプ：ステップ❶
## 「知識を増やす」「論点を整理する」

あなたが共感タイプで、苦手な能力である深掘り力を鍛えたいと思ったとしましょう。そのファーストステップとしてやるべきことは、次の2つです。

- ●知識を増やす
- ●論点を整理する

共感タイプは、必要な知識を要領よく得ようとします。ですから、深掘りをするためには知識が不足しがちです。社会課題を見つけたり、それを解決する方法を妄想したりするためにも、知識は不可欠です。そこで、まずは知識を増やすことが必要になります。

知識を増やすための方法は色々考えられます。

例えば私は、まず、**あらゆる業界について、その業界を概観する本を読みました。**ベッドに1冊、トイレに1冊、カバンに1冊、会社の机に1冊など、あらゆるところに本を置いておき、スキマ時間を見つけては読んでいました。

最初から難しい本を読んでも頭に入ってきません。まずは基礎知識でいいので、とにかく幅広い知識の獲得に力点《りきてん》を置きます。新聞や雑誌にも目を通し、わからないことや興味のあることについては、さらに調べて知識を増やしていきました。

また、共感タイプは、話を盛り上げることは上手いのですが、論点を把握しないまま、脊髄反射で話してしまいがちです。また、「人」への意識が強いため、「誰が言った」「誰に言った」ということに意識が向きがちで、「何が論点か」という話の中身に意識が向きません。

そこで、議論をしているときはもちろん、あらゆるミーティングや会議において、「論点は何か」を常に整理するように心がけましょう。

図3-3

それぞれのタイプが
苦手な能力を鍛えるための 3 ステップ
共感タイプ
深掘りタイプ
ステップ❸
●視座の高い人と議論する
●マップで考える
ステップ❸
●表現のレパートリーを増やす
●マップで考える
ステップ❷
●分解して定量化する
●マトリクスで考える
ステップ❷
●人に会いに行く
●あえて結論を言う
ステップ❶
●知識を増やす
●論点を整理する
ステップ❶
●「型」を意識する
●デッドラインを決める
深掘り力アップ
共感力アップ

例えば、水素の発電利用の可能性について調べてみると、水素が次世代の主力電力になると言う人もいれば、ならないと言う人もいます。これらの意見は、一見、矛盾していいます。しかし、論点を整理できれば、矛盾なく理解できます。

「化石燃料を使い果たしてしまったら、主力エネルギーになり得るのは水素しかない」と言っている人と、「インフラの整備にかかるコストを考えると、水素が主力エネルギーになることはない。アンモニアのほうがいいのではないか」と言っている人では、論点が違いますから、議論が噛み合いません。

前者は、ユーザーニーズの観点から、しかも比較的長期の時間軸で論理展開をしていますし、後者は、主に供給側のコストの観点から、短期の時間軸で論理展開をしています。

議論が噛み合わないのは論点が違うからだ、ということを理解することが重要です。「何を根拠にした発言なんだろうか」「答えを出さなければならない課題は何か」などと考えながら論点を列挙してみる。そして、それらを整理する習慣をつける。

**論点整理を繰り返す**ことが、深掘り力につながっていきます。

共感タイプ：ステップ❷

## 「分解して定量化する」「マトリクスで考える」

続いて、共感タイプがやるべきセカンドステップは、次の2つです。

- 分解して定量化する
- マトリクスで考える

論点が整理できるようになったら、その論点について深く掘り下げて考えていきます。しかし、共感タイプは深く考えることが苦手です。そこで、**ロジックツリーなどを使って問題を分解し、分解したそれぞれを定量化、数値化することを習慣化しましょう。**

そして、定量化した情報を1枚の紙にまとめます。そのとき、2軸のマトリクスを作って、その上に情報を配置してください。

**情報をマトリクス上に配置するためには、何を縦横の2軸に選ぶかを考えなければなりません。それを考えることで、さらに思考が深まります。**軸を色々と変えてみることで、新たな気づきが得られるはずです。

このマトリクスを洗練させていったものが、第2章で解説したマップです。このマップづくりが、ビジネスプロデュースで最も重要な「構想」へとつながります。

## 共感タイプ：ステップ③

## 「視座の高い人と議論する」「マップで考える」

共感タイプがサードステップとしてやるべきことは、次の2つです。

- 視座の高い人と議論する
- マップで考える

マトリクスが進化してマップになったら、それを持って、そのテーマの専門家や視座の高い人たちのところに出向き、意見をもらって、議論をします。**マップに欠けている点や加えるべき内容、注目点や新発見、注意点などを聞き、マップをより充実させることを目指して、どんどん人に会いに行きましょう。**

共感タイプは、人に会って話を聞いてくることには長けています。ただ、ややもすると、話を聞いてくるだけの御用聞きになりがちです。そうではなく、**論点を意識して相手と議論できるようにすることが大切です。**

こうしてマップに新たな情報が加えられていきますが、すべての情報を1枚のマップに入れ込むことはできません。表現できるのは多くても7種類です。どの情報を入れるのか、入れないのか。取捨選択を行なうとともに、入れる情報については、マップ上でどのように表現するのかも考える必要があります。

そのためには、「このマップで何を伝えたいのか」「何を際立《きわだ》たせたいのか」などを深く考える必要があります。そのための情報と、そのための表現を考えます。

もちろん、すぐに完成することはありません。何度も、何度も、描き直します。こうしてマップで考えることで、より一層、深掘り力が鍛えられていきます。

以上が、共感タイプがビジネスプロデューサーを目指して深掘り力を身につけるための3ステップです。

3ステップを通して共通して意識すべきことは、**「どうすれば、より深みが増すか」**です。共感タイプの人は、まずはこれを強く意識するようにしてください。

## 人と会うときのアポイントのとり方

人に会いに行くという話が出てきたので、人と会うアポイントをとる方法について述べておきましょう。

会いたい人が本を出している専門家などであれば、その本を読んで次のように連絡をすると、たいていは会ってくれます。

「ご著書のこの部分に非常に共感しました。私たちもこういうことを考えているので、ぜひ議論させてください」

また、企業の担当者のアポをとるのであれば、次のように連絡します。

「この社会課題について、色々な方にご意見をいただいています。ちょっとしたアイデアもあるのでディスカッションのお時間をいただけませんでしょうか」
「我々なりの課題解決の仮説を持っています。ご興味があれば、ぜひ議論させてください」
「○○省の方とも議論しています。簡単に説明させていただき、ご意見をいただけないでしょうか」

会った人に別の人を紹介してもらうことも、多くあります。

「この話は、どういった方に意見を聞くといいでしょうか?」

「誰に会いに行けば、面白い話が聞けそうでしょうか？」

こうして、「○○さんに話を聞くといいんじゃないかな」と教えてもらえれば、

「○○さんからご紹介いただきました」
「議論の場で、お名前が出ました」

などと伝えて、その人に会いに行きます。

「どなたか、これについて意見を聞いてみたい方はいらっしゃいますか？」

と聞くことも、よくあります。そこで、「あの人の意見を、ぜひ聞いてみたいな」と名前が挙がれば、「では、私たちがお会いして意見を聞いて、フィードバックしますよ」と、その人に会うアポイントをとります。こうした流れになると、会ったことのない人に会いに行けるだけでなく、「先日、ご紹介いただいた方の意見をフィード

バックさせてください」と言って、同じ人にもう一度会うこともできます。

色々な人の話を聞いて、マップの完成度が上がってきたら、

「以前にお見せしたマップが、だいぶ進化しましたので、もう一度ご意見をうかがえませんか」

と連絡をします。すると、かなりの確率で会ってもらえます。

## 次のミーティングにつなげるために「宿題」をもらう

**ミーティングで最も重要なのは、次のミーティングにつなげることです。**何度も会うことでマップが進化しますし、関係が深くなれば、場合によっては、実際のビジネスプロデュースで連携してもらえます。

次のミーティングにつなげるために最も有効なのは、「宿題」をもらうことです。相手からの質問に対して、簡単に答えられるものならば、その場で答えつつ、答えられないものには次のように返事をして、宿題にしてもらいます。

**「それについては、まだ勉強不足です。ちょっと調べる時間をいただけませんか」**

宿題をもらえば、その答えを用意することで、次のミーティングの機会をもらえます。宿題になるような質問がなくとも、「その考え方は面白いですね。その方向でさらに考えてみますので、宿題にさせてください」などと言えば、宿題を作れます。

「どなたか、これについて意見を聞いてみたい方はいらっしゃいますか？」と質問して、「あの人の意見は、ぜひ聞いてみたいな」と言ってくれたら、それを宿題にできます。

「私たちが会ってきますので、今度、フィードバックさせてください」

「先日の宿題に私たちなりの答えを見つけましたので、また意見交換させていただけませんでしょうか」

「あなたの意見に対して、この人はこんなふうに考えているようです」
「先日教えていただいた考えを担当者にぶつけたところ、こう言っていました」

自分の意見や考えに対して他の人がどう思うかは、誰でも気になります。**第三者の意見を聞いたことを伝えると、相手は「その意見を聞きたい」と思い、時間を作ってくれます。**

もちろん、他人に言ってはいけないことや、その場限りにすべき話などがありますので、そこは注意してください。

**2回目のミーティングの良《よ》し悪《あ》しは、1回目でもらった宿題に対して、どれだけ答えられたかで決まります。**

人は、宿題に対する答えをもらえれば、仮にその内容が70点レベルだったとしても、「自分たちのために考えてきてくれた」と思うので、相手にとって嬉しいことは間違いありません。

できる営業マンは、お客様に対して同じことをやっています。ビジネスプロデューサーには、できる営業マンの要素も必要なのです。

次につなげる工夫の1つとして、その場で次回のミーティングの日程を決めてしまうという方法もお勧めです。

特に、会う約束をとりつけるのが苦手な深掘りタイプは、**その場で次のアポイントを決めてしまう**ことを心がけましょう。次の日程が決まれば、それがデッドラインになって、スピード感が生まれます。

ミーティングが盛り上がった瞬間に、「それでは、次はいつにしますか？」と聞く。これがプロジェクトのスピードを速くする秘訣《ひけつ》です。

深掘りタイプ：ステップ❶

## 「『型』を意識する」「デッドラインを決める」

続いて、深掘りタイプです。深掘りタイプが鍛えるべきは、苦手な能力である共感力です。

そのファーストステップとしてやるべきことは、次の2つです。

- 「型」を意識する
- デッドラインを決める

深掘りタイプは調査・分析・定量化が得意なだけに、延々《えんえん》とそれらをやり続けてしまい、いつまでたってもアウトプットまでたどり着きません。

例えば、調査を指示した上司が、なかなかアウトプットを持ってこない深掘りタイプに対して、「あれ調べてくれた?」と聞くと、「調べている途中です」と答えます。これは言い訳をしているわけではなく、本当に調べているのですが、いくら調べても満足がいかないため、こうした答え方になってしまうのです。その証拠に、「何を調べたのか教えて」と聞くと、次々と調べたことを語り始めます。

こうした深掘りタイプの短所を改善するためには、**アウトプットの型やフォーマットを先に決めておいて、それを埋めるように調査や分析などをし、埋められれば、そこでやめる**のが効果的です。

また、どんなビジネスであっても、スピードが重要なことは言うまでもありません。にもかかわらず、アウトプットのスピード感に乏しいのが、深掘りタイプの弱点です。

そこで、必ずデッドラインを決めるようにしましょう。

**上司に仕事を頼まれたら、「いつまでですか?」と必ず聞く。**締め切りを決めて、そこから逆算して作業を行なうようにしましょう。これだけで、「仕事が遅い」という短所を改善できます。

これを実践すると、本人としては「まだ完璧な状態ではないのに、上司に提出していいのだろうか」と不安になったり、満足できなかったりすると思います。深掘りタイプには「叱られたくない」ということが仕事のモチベーションになっている人が多いので、「こんなアウトプットで叱られないだろうか」と思ってしまい、怖いかもしれません。

しかし、上司から見ると、十分な内容であることも多いはずです。また、上司が欲しいアウトプットとのズレがあったとしても、そのことに早く気がつくことが重要です。「あえて雑にする」くらいの意識でちょうどいいと思います。

深掘りタイプの人は、アウトプットの質よりも、アウトプットが遅いことのほうが、叱られる原因になりやすいことを覚えておきましょう。

深掘りタイプ：ステップ❷

## 「人に会いに行く」「あえて結論を言う」

深掘りタイプがセカンドステップとしてやるべきことは、次の2つです。

- 色々な人に会いに行く
- あえて結論を言う

深掘りタイプは、人に会って話をすることに苦手意識があります。「初対面の人に会いに行くのが怖い」とか、人によっては「電話をとるのが怖い」という人もいます。

それを克服するために、とにかく色々な人に会いに行くように意識します。得意な調査・分析・定量化に没頭《ぼっとう》していると、どんどん思考が内向きになり、視野が狭くなります。**人と会って話せば、視野を広げてもらうことができます。**

深掘りタイプは、とかく何でも1人で完結させようとします。「自分が一番考えているはず」「自分が一番正解に近い」などと思っています。しかし、1人でできることなど、しょせん知れています。やはり、他人の頭も借りて、その人が持っている知識や知見、経験などを教えてもらわないと、本当にいいアウトプットは作れません。

実際、人に会いに行き、話を聞けば、「知らなかった！」「ここはまだ情報や考えが足りないな」といったことに気づきます。こうした気づきを得るためにも、人に会いに行きましょう。

また、深掘りタイプは、物事を様々な角度から深く考えることができるために、安直な意見を言うことを嫌います。また、自分が考えていることを話す場合には、完璧に言いたいので、話が長くなりがちです。しかし、長い話は嫌われると思いもするので、結局、何も発言しない。これが深掘りタイプです。深掘りタイプは、この制約をとっぱらう必要があります。

そのために意識してするべきことが、「あえて結論を言う」です。**「要するに、○○ということです」と言うことを目指して思考を巡らし、仮に結論が出ていなくても、自分の結論は多少間違っていると思っていても、あえて結論を口に出して言うようにしましょう。**

多くの知識を持ち、色々なことを考えているため、意見を求められると、とりとめもなく知っていることや考えたことを話し続けるというのも、深掘りタイプの特徴です。ですから、「何が言いたいの？」「ひと言で言ったら何なの？」などと聞かれることも多い。こうした質問に先回りするように、結論を簡潔に言うことを意識しましょう。

感覚としては、話の内容をダウングレードして、わざと雑に話すくらいでいいしょう。完璧に言おうとしない。言いたいことの半分ぐらいで話すのやめる。あるいは、相手の言葉に対して、脊髄反射で発言するようにしてみてください。

## ミーティングで沈黙しないよう質問を用意する

深掘りタイプは自分から話し始めることが苦手です。そのため、人に会いに行くと、ミーティング中に沈黙の時間が度々《たびたび》訪れます。

特にプレゼンを終えたあとは黙ってしまいがちです。頭の中では色々と考えていても、「無責任なことは言えない」と思って、沈黙の時間がどんどん経過していきます。ところが、相手が共感タイプだと、この沈黙が恐怖でたまらないのです。

そういう状況を防ぐために、予《あらかじ》め質問を用意しておくことをお勧めします。質問をすれば、沈黙の時間を作らずに、会話を続けることができます。

もちろん、質問内容は、相手に本当に聞きたいことであり、その人ならではの、その人にしか言えない意見が聞ける質問であることが大事です。

**質問はノートに書いておき、ミーティングの残り時間と残っている質問の数を見比べながら、時間配分をする**といいでしょう。深掘りタイプは、1つずつの質問を深掘りしてしまうので、聞きたい質問が時間切れで聞けなくなりがちだからです。

また、深掘りタイプは、1点を深掘りするのが得意で、幅広く見るのが不得意です。なので、事前に用意しておく質問は、テーマ全体を意識して、議論の幅を広げるものにするのがいいでしょう。

そのためには、テーマのど真ん中の質問だけではなく、ボール球や遊び球の質問も投げる必要があります。ど真ん中のことを聞く質問は、相手にとっても答えにくい場合があり、周辺への質問のほうが答えやすいものです。脇道《わきみち》の質問をしてみたら思わぬ収穫があった、ヒントを得られたということも多々あります。脇道の質問によって、相手が「ああ、そういうことか」と本質に気づくこともあります。

深掘りタイプは相手への質問の幅も自分で狭めがちなので、できるだけ広く聞く意識を持ってください。

他方、共感タイプは1点を深掘りするのが苦手です。ですから、共感タイプが事前に質問を用意するなら、主要な論点の深掘りにつながる質問がいいと思います。

## ミーティングで話すのは相手が7割

ミーティングでの注意点についても述べておきましょう。

ミーティングで話す割合は、相手が7割、自分たちが3割になるようにします。すると、相手に「有意義だった」という印象を残せます。

共感タイプは、ついつい自分が話しすぎてしまいます。

そこで、相手に話してもらうために有効なのが、質問です。質問をして、相手に話してもらうようにしましょう。

逆に、深掘りタイプは、黙りすぎないように注意しましょう。

深掘りタイプは、自分が話すことを「つまらない」と思ってしまいがちですが、相手の言うことに対しても「つまらない」と思いがちです。それが顔に出てしまうと、相手に不快感を与えてしまいます。つまらないと思っても、「相手の話を聞こう。理解しよう」とすることで、共感力が鍛えられます。

また、**「自分たちが知らないことを相手は色々と知っている。それを教えてもらいたい」**という姿勢が大切です。

## ミーティングを終える前には「まとめ」を

深掘りタイプは、ミーティングの時間配分への意識が薄く、終了時間だけを意識しているため、議論のポイントをまとめることなく唐突にミーティングを終えてしまうことがよくあります。これは相手の印象がよくありません。

**議論のまとめは重要ポイントの共有になりますし、相手のミーティングに対する印象がよくなり、宿題が作れれば次のアポにもつながります。**必ずやるようにしましょう。

共感タイプの中には、ミーティング終了後、帰りのタクシーや電車の中でお礼メールを書いてすぐに送るという人がいます。このスピードが大事で、相手もその速さに驚きます。

「本日はありがとうございました。多くの示唆《しさ》をいただき、大変、参考になりました。宿題も頂戴《ちょうだい》いたしましたので、それについては、また議論させていただきたく、よろしくお願い申し上げます」

内容は、こうした簡潔な内容で十分です。翌日にお礼メールを書いて送るとなると、このレベルでは少し弱い感じを受けてしまいます。相手の期待値も多少なりとも上がり、何を書くか改めて考える必要が出てくるので、時間が余計にかかることになります。

深掘りタイプは、こうした共感タイプのスピードとそのやり方を見て、真似《まね》をするといいのではないでしょうか。

## 深掘りタイプが共感力を鍛えるときの注意点

深掘りタイプが共感力を鍛えるときは、「あえて雑にする」「わざと雑に話す」くらいの意識でちょうどいいと述べましたが、これには注意も必要です。

初めは、「こんなので本当にいいのだろうか？」と悩むのですが、慣れてくると、「こんなのでいいんだ！」「何て楽《らく》なんだ！」と、逆に快適になってきます。すると、**ただ単に考えが薄っぺらな人に成り下がってしまう危険性がある**のです。

「ちょっと考えが浅すぎませんか」などと言われたら、また深掘り力を発揮することに意識を戻してください。

**深掘り力は、何もしないでいると下がります。**例えば、最新の知識を常に頭に入れていないと、古い知識は次第に枯《か》れていきます。分析力なども、包丁《ほうちょう》のように、使わないでいると錆《さ》びついてしまいます。日々、研《と》ぎながら使い続けることで維持され、磨《みが》かれていく能力なのです。

他方、**1度習得した共感力はあまり下がりません。**それは、常に使っているからかもしれません。人とまったく接しない特殊な環境にいるなどすれば別ですが、普通に仕事をしたり、生活をしたりしていれば、会話もしますし、メールもします。リーダーやマネジャーであれば、部下とコミュニケーションをとらない日はないでしょう。部下も上司とのコミュニケーションを通じて共感力が磨かれていきます。こうしたことから、共感力はあまり下がらないのだと思います。

深掘りタイプで、新しい観点から分析を行ない、斬新《ざんしん》な内容の面白い本を書いていた人が、人気が出てテレビや雑誌に引っ張りだこになると深掘りする時間が失われ、意図せずに、いつしか共感タイプになることがあります。すると、深掘り力が衰え、浅い内容の本や、同じようなことを書いた本ばかりを出すようになります。これが、深掘り力が失われて、単なる考えが浅いだけの共感タイプになるイメージです。

ですから、**深掘りタイプが共感タイプの意識や行動に慣れたら、もう一度、深掘り力を鍛え直す**ことを意識するようにしましょう。

## 深掘りタイプ：ステップ③
## 「表現のレパートリーを増やす」「マップで考える」

深掘りタイプがサードステップとしてやるべきことは、次の2つです。

- 表現のレパートリーを増やす
- マップで考える

深掘りタイプは、共感タイプとは逆に「誰が」「誰に」への意識が薄く、「何を」ばかりに意識が向きがちです。論点を強く意識できている一方、それを伝える相手のことをあまり考えていません。伝える相手が誰であっても、同じ伝え方でいいと思っています。

しかし、本当に伝えたい、理解してほしいと思うなら、**相手によって伝え方を変えるべき**です。例えば、アナロジー（類推、類比）やメタファー（隠喩《いんゆ》）などを使う。話の流れをストーリー化する。こうしたアウトプットにおける表現のレパートリーを増やすことが求められます。

「マップで考える」は共感タイプと同じですが、意識すべきポイントが違います。共感タイプにとっては、論点や深掘りするポイントを意識することが重要でしたが、深掘りタイプは、**マップで全体を把握する**ことが重要になります。部分部分については深掘りをして、よく理解しているのですが、それぞれの関連性や関係性に目が向いていないことが多々あるからです。

このため、情報の分析は十分であるにもかかわらず、2軸を決めたり、グルーピングをしたりするのが不得手です。深掘りタイプがマップを作る際には、「2軸に何を選択すれば、全体を把握して、意味のあるグルーピングができるか」をまず考えるといいでしょう。

以上が、深掘りタイプがビジネスプロデューサーを目指して共感力を身につけるための３ステップになります。

３ステップを通して共通して意識すべきことは、「どうすれば早く結論にたどり着けるか」です。深掘りタイプの人は、まずはこれを強く意識してください。

## 「褒められたい」と「怒られたくない」で自己動機づけをする

深掘りタイプと共感タイプの苦手なスキルとその鍛え方について、３ステップに分けて見てきました。

どちらのタイプも、自分が苦手なスキルを鍛える意識をしていないと、得意なスキルばかり使うようになってしまいます。

共感タイプなら、論点を意識しなくなり、人へと意識が向いてしまう。あるいは、調べることをせずに、分解も、定量化もすることなく、漠然と考えてしまう。

深掘りタイプなら、調査・分析に没頭してアウトプットを忘れてしまう。色々な人に会いに行かなくなる。結論はもちろん、何も発言しなくなる。

こうしたクセが出てきたら、それを自覚し、自分で是正《ぜせい》しなければなりません。

そのために有効なのが、自己動機づけです。


**共感タイプは「褒められたい」という気持ちがモチベーションになります。**褒められるために動くので、例えば、「考えを深掘りした資料を作れば○○さんが喜んでくれるに違いない」などと想像することで頑張れます。

一方、**深掘りタイプは、人に対しての意識が薄いせいか、褒められたいとはあまり思っていません。**褒められることよりも、叱られないことのほうが、深掘りタイプにとっては重要です。

自己動機づけとしては、**「そのことについてもっと深く知りたい」「そのことについて誰よりも知っていたい」**といった気持ちが強いので、「そのことについて深く知るためには、あの人に会って話を聞く必要がある」と思うことで、重い腰が上がるでしょう。

あるいは、会いに行かないと怒られる状況を作るため、**定期的に人と会うアポイントを入れることをノルマとして自分に課す**のがいいでしょう。

このような自己動機づけは、部下を持つマネジャーになっても重要です。

私はかつて、深掘り力よりも共感力のほうが高い、共感タイプのマネジャーでした。そのとき、深掘り力を鍛えるモチベーションになったのは、「チームやメンバーがピンチに陥《おちい》ったとき、かっこよく救いたい」という思いでした。

新しいプロジェクトが順風満帆《じゅんぷうまんぱん》に進むことは、まずありません。お客様が怒り出したり、壁が立ちはだかったりと、問題が必ず起きます。そうしたときに、共感力だけでは、その場を上手くごまかすことはできても、本当に問題を解決することはできません。必ずどこかでボロが出ます。それは非常にかっこ悪い。

根本的に問題を解決したいなら、もっともっと色々なことを、より深く考えておかないといけない。お客様の考えを超えて考えておかないと、お客様を納得させることはできない。お客様以上に考えに考えて備えておくことが、いざというときの問題解決につながる。

このことがわかったとき、私は深掘り力をもっと伸ばしたい、高いレベルで身につけたいと思いました。

## 「あこがれ」はモチベーションになる

不得意な能力を鍛えるのに、特別効率的な方法があるわけではありません。裏ワザも、秘策もありません。

ただ、**共感力と深掘り力の両方を持っている人に接することが、不得意な能力を鍛える意欲を強く刺激してくれる**ことがあります。

私がＤＩに入社する前、Ａ．Ｔ．カーニーに入社してすぐの頃の話です。当時の上司から、不動産業界が抱える問題点について理解するために、一緒に調査をしようと言われました。

「わかりました！」と答えた私は、１時間ぐらい様々なことを調べ、「できました」と言って３枚のレポートを渡しました。共感タイプだった当時の私は、速いことが何よりも重要だと思っていたからです。

**上司**「何これ？　１枚目のこれは何？」
**私**「これが全体像です」
**上司**「じゃあ、この部分をもう少し分解して調べてみて」
**私**「分解してもしょうがないです」
**上司**「とにかく、もう少し詳しく調べてみてよ」

それから２時間ぐらい調べましたが、それほど内容の変わらないレポートを、また提出しました。

私が渡したレポートを見ながら、上司は何やら考えています。私は、その上司の姿を見て、「この人はいったい何をしているのだろう?」と不思議に感じていました。

数日後、上司たちが作った提案書を見て、そのコンテンツの質に圧倒されました。「こんな秀逸《しゅういつ》なものが作れるんだ!」と驚嘆《きょうたん》するとともに、「このための下調べを私にしてほしかったのか。私がやるべきは、こういうことだったのか」と理解しました。

共感力と深掘り力の両方の能力を活用しなければ、これだけ質の高い提案書は作れません。それを目の前にして、「今の自分には絶対に作れない。こういったものを作れるようになりたい」と素直に思いました。

と同時に、共感力と深掘り力の両方を兼ね備えている上司や先輩たちに対して、あこがれを抱きました。「自分に足りない能力を鍛えたい」と強く思ったのです。

これ以後も、ビジネスプロデュースなどのプロジェクトで、自分よりも高い共感力を持つ人たち、自分よりも高い深掘り力を持つ人たちと一緒に仕事をしました。そうした人たちに尊敬の念を持つようになると、「同じようになりたい」「足りない能力を鍛えたい」と自然に思うようになりました。

**あなたの身近にも、あなたより共感力が高い人、深掘り力が高い人がいるはずです。そうした人を見つけて、その人にあこがれて、自分のモチベーションにすることも、不得手な能力を鍛える方法の1つだと思います。**

## 逆のタイプに「なったつもり」で行動するという方法も

不得意な能力を鍛えるには、地道《じみち》なトレーニングが大事であることは言うまでもありません。ただ、それでもなかなか能力が伸びないというときは、大胆《だいたん》に一気に振り子を逆まで振り切ることも有効です。

深掘りタイプは、共感タイプになったつもりになる。
共感タイプは、深掘りタイプになったつもりになる。

**自分が不得意な能力が得意な逆タイプになったつもりになります。**これができると、これまでとはまったく違う景色が見えてきます。

例えば、共感タイプが深掘りタイプになりたいなら、「自分は深掘りタイプである」と思い込みます。そして、深掘りタイプになったつもりで行動します。

共感タイプだった私の場合、意識したのは「言葉の量を減らす」と「ゆっくり話す」でした。深掘りタイプになったつもりで、その特徴を真似しました。これらは、今でもミーティング時などに心がけています。

共感タイプが深掘りタイプになったつもりで行動すると、相手の話にすぐに脊髄反射でしゃべっていたのが、例えば5秒ほど考えてから話すようになることで、暗くなったと思われます。あるいは、難しい顔をしていることが増えることで、怒っていると思われるかもしれません。

それでも、逆タイプになったつもりで1年間ぐらい意識や行動を変え続けていると、2年目には相手からも深掘りタイプだと思われるようになります。さらに3年目には、同僚からも深掘りタイプだと思われるようになりました。

こうした3年計画で逆タイプになることを目指すのも1つの方法です。


共感タイプが深掘りタイプになって、深掘り力ばかりを使い続けていると、新しい人に会いに行くのが怖くなり、アポイントを入れなくなることがあります。そのときは、共感タイプだったときを思い出し、アクションを速くする、1分以内に行動を開始するなど、スピード感を取り戻すことを意識するようにします。

副作用はありますが、共感タイプが深掘りタイプのつもりで行動しても、さほど仕事上のデメリットはありません。むしろ、メリットのほうが多いのではないでしょうか。

本書では、私自身の体験に基《もと》づいて、ビジネスプロデューサーとしてのスキルやマインドを身につけるための方法を述べています。では、Dーで活躍している他のビジネスプロデューサーは、どのようにスキルやマインドを鍛えてきたのでしょうか。私の考えを整理するため、インタビューをしてみました。

ビジネスプロデューサーの成長を追体験できる内容だと思いますので、読者の皆さんにもシェアします。

CASE 1

## 「目的に向かってドライブする」ことをモチベーションに深掘り力を鍛えた

――もともと共感タイプのAさん（2018年入社）

――いつもプロジェクトの中心に立って社内外をドライブしてくれる印象のAさんですが、やはり共感タイプと言われることが多いですか？

確かに、物事を深く分析することよりも、何かを動かす、ドライブすることのほうに関心があります。ドライブを目的としない深掘り、分析のための分析には意味がないと思うタイプです。

一方で、深掘りの重要性もよく理解しています。深掘り力が高いと、手詰まりになったとき、新しい視点を加えて、状況を突破できます。いわば、ホームランを打つ可能性を高められます。

結局、目的の設定が一番大事で、深掘り力も共感力も、目的を成し遂げるための手段なのだと思います。

**――共感タイプにとって、深掘り力を鍛えることは楽しくないんじゃないかと思うんですけど、モチベーションは何でしたか？**

やっぱり、目的に向かってドライブすることでした。

深掘りタイプの上司についていたとき、目的に向かって動くには、その上司に認めてもらうために深掘りをせざるを得ませんでした。おかげで深掘り力が鍛えられました。

色々な人に話を聞きに行って、相手が言っていることの背景に何があるのか、どんな前提条件があって、どんな意図で言っているのかを深掘りして考えるようにしていました。

## ――共感タイプの特徴を活かして、深掘り力を鍛えたんですね。

そうですね。深掘りをする際も、その先の目的をセットしながら取り組みました。逆に、深掘り自体を目的にしないことも意識はしていましたね。

深掘りタイプの部下には、机上《きじょう》での分析ばかりして、深掘り自体が目的になってしまう人もいます。深掘りをすることが純粋に面白いので。

そんなときは、「何のためにやってるんだっけ」と声をかけています。

いくら深掘りをしても答えが出ないときは、どこまでの深掘りが必要なのかがわかっていなかったり、深掘りをする方向を間違えていたりすることが多いと思います。

やはり、目的を適切に設定することが重要です。

## ――深掘り力を鍛えたことで、自分で変わったと感じることはありますか？

深掘り力を鍛えながら色々な方々と議論をすることで、物事を構造化して捉えることができるようになり、何を検討しなくてはいけないかという論点の設定が適切にできるようになりました。また、共感力と深掘り力をうまく使いながらビジネスプロデュースをすることで、より視座が上がったと感じています。広く俯瞰して物事を見ることができるようになり、思考のレイヤーが上がりました。

私はもともと商社におり、比較的高い視座で物事に取り組むことも多かったのですが、それでも産業に閉じていた。でも、共感力と深掘り力をうまく使いながらビジネスプロデュースをしていると、日本全体のレベルから特定の企業や特定のプロジェクトなどのレベルまで、様々な視点から物事を見ることができるようになりましたね。

## CASE 2

# ストレッチしたプロジェクトに取り組んで共感力も深掘り力も鍛えられた

——もともと共感タイプのBさん（2008年入社）

**——国内外のメンバーを巻き込みながらDIの海外事業を強力に推進してくれているBさんも、共感タイプと言われることが多いのではないでしょうか？**

もともと人にすごく興味があって、人と話すことや、人と話しながら物事を進めていくことが好きです。

**——深掘り力を鍛えるモチベーションは何でしたか？**

特定領域を徹底的に深掘りすることも元来《がんらい》好きですし、仕事柄《がら》、その道のプロの方とお話しする際にも、そうした深さから得られるインサイトがないと会話でも勝負にならないという業務特性や厳しい環境もモチベーションになりました。

ＤＩに入社する前に商社にいた頃もそうでしたが、ＤＩに入ってからも、どのプロジェクトにおいても「絶対、この領域については誰よりも詳しくなる」と思って深掘りをしました。ＬＥＤ照明、蓄電池、自動車・家電リサイクル、遺伝子組み換え、下水処理、通信衛星、スポーツビジネスなど、幅広い領域について、かなり詳しくなりました。

**――深掘り力、共感の双方を高いレベルで発揮できるようになった転機はありますか？**

ベトナム赴任《ふにん》時に、同国の農業・フードバリューチェーン高度化に向けた官民連携でのビジネスプロデュースを複数担当したことですね。ベトナム政府や日本のＪＩＣＡ、ＪＥＴＲＯ、農林水産省、複数業界の日越《にちえつ》企業など、様々な関係者を巻き込みながら、日越官民連携でのビジネス化にひたすら奔走《ほんそう》する日々でした。

ベトナムの社会課題解決と大きなビジネスプロデュースをどうリアルに両立していくか、自問自答を続けている過程で、志の高い日系企業クライアントとの出会いもありました。

目の前の標高1500メートル、350ヘクタールの農地で、どんな作物をどこ向けにどのくらい栽培すれば、ビジネスとして回るのか。日本の農協・市場のような社会インフラはどうローカライズ・実装し得るのか。個別のコールドチェーン技術を起点にどう流通全体を差配する社会インフラモデルを描き得るのか。

こうした構想・アイデア検証の過程で、泥まみれになりながら、徹底的にベトナム奥地の農家をぐるぐる回り、気づくと高糖度トマトの栽培方法を語れるようになったり、簡易集荷《しゅうか》センターを実際に作って、農地から仕入れた野菜を保冷ボックスに詰め込み、顧客候補にテスト営業する過程で、飲食店のオペレーションに異様に詳しくなったり……。

まさに深掘りと共感の往復で、両方の能力が同時並行でずいぶん鍛えられました。

## ――ストレッチした目標に取り組む経験は重要ですね。

部下にも、その等身大の力量《りきりょう》・適正を見極めながら、常に20％くらいストレッチした仕事をし続けてもらうのがいいと思います。山本五十六《いそろく》の有名な言葉で「やってみせ 言って聞かせて させてみて 誉《ほ》めてやらねば 人は動かじ」というものがありますが、まさにその通りで、部下にさせてみることが大事です。

ただ、指示をしたら放っておいてもいいタイプの部下なのか、へばりつかなければならないタイプなのかは、すごく意識します。前者なら、「ここだけはずらさないでね」とセンターピンを刺しておけばいいのですが、後者だと、論点、仮説、その検証のアプローチ、アウトプットのイメージまでセットで渡すようにしています。

CASE 3

# 深掘りタイプの強みを活かした「素振り」から共感力を鍛えた

——もともと深掘りタイプのCさん（2017年入社）

——Cさんの知識量や分析力にはいつも驚かされていますが、やはり深掘りタイプと言われることが多いですか？

確かに、新しい知識を得ることと、ビジネスや社会の仕組みに関心があり、周りにも深掘りタイプと言われることが多いですね。前職の総合電機メーカーで、不具合がないか突き詰めて検証する気質が身についていることも影響していると思います。

——深掘りタイプは人に会いに行くのが苦手な傾向がありますが、Cさんはどうでしたか？

会うこと自体に苦手意識はありませんでしたが、会う前にあれこれと考え込んでしまう典型的な深掘りタイプでしたね。ＤＩ入社当時は話し方も上手くなく、聞きたいことをストレートに聞いてしまって、相手がしゃべりづらくなったりすることもありました。

## ——共感力、相手に合わせたコミュニケーションをどのように鍛えましたか?

逆説的に聞こえるかもしれませんが、さらに深掘りをしたことと、ディスカッションの「素振り」を重ねたことです。

会いに行く相手のビジネス領域を調べることはプロジェクト中にも当然するのですが、それ以上に、相手に会ってよかったと思ってもらえるよう、日頃からインプットを大量にして、ミーティングの主旨以外でもディスカッションや話題に触れられる、応えられるように準備しておくことを習慣化しました。プロジェクト中では、論点から少し外れる所まで調べておく、寄り道をするイメージです。

また、それを試す場として、社内で同僚と気になった事例を議論したり、同僚のプロジェクトについてディスカッションしたり、本番のための「素振り」をしたりするようにしました。社外でも、例えば、展示会やカンファレンスなどに出かけて、「御社のサービスは、こんな課題から始まっているんですね。ということは、次はこんな事業展開もあり得ますね」みたいなディスカッションをしかけて素振りを重ねていました。

**——深掘りタイプが相手に合わせたコミュニケーションをとれるようになるには、どうすればいいと思いますか？**

先ほどお話しした「素振り」をお勧めしますが、闇雲《やみくも》に素振りをしてもダメで、型を意識することが重要です。

型にも2つあって、得た知識や仮説を構造化する型と、それをわかりやすく伝える型です。

調べたことを全部アウトプットに詰め込もうとせず、「結局、言いたいことはこれだ」とクリスタライズ（結晶化）しておいて、結論から話してほしい人、背景を聞いてから話したい人、手段を知りたい人などに合わせて、クリスタライズした要素を順々に出していく。時には脇道に逸《そ》れて別の話題を振る。そうした相手のタイプと話す話題の要素の掛け算を類型化する。自分の中に引き出しを増やしていく感覚を持つといいと思います。

深掘りタイプは「足し算」が得意ですが、人とコミュニケーションをとる際には「引き算」を意識するといいと思います。深掘りタイプは実は話好きなので、どんどん楽しくなってくるのではないでしょうか。

CASE 4

# 得意・不得意を決めずに、どんな仕事でも受け止めることで共感力を鍛えた

## ——もともと深掘りタイプのDさん（2013年入社）

——Dさんは、物事の構造を捉えた上でアウトプットに昇華することに長けていますよね。深掘りタイプと言われることが多いのではないでしょうか？

新しいことを調べて仕組みを知ることに、もともと関心がありました。そういった物事の仕組みをベースにクライアントに価値を提供する、我々で言えばクライアントの事業構想を創りあげることに喜びを覚えるタイプです。

逆に、人前で話したり、議論したりすることは苦手で、入社1年目には、ミーティング中にあまりにしゃべらないので、「次もそうだったら、もう呼ばないぞ」と上司に言われたことがあるほどです。

## ――何か、共感力の重要性に気づいた印象的な出来事があるのでしょうか？

あるプロジェクトのとりまとめをすることになったのが、ひとつのきっかけでした。データの分析などは好きですから、積極的に取り組んでいたのですが、関係者のなかにデータを提出してくれない人もいて、そのために作業が遅延してしまったりすることがありました。仕方がないので、データをもらいに新幹線で現地まで行くこともありました。

それでもデータを準備していただけないことがあるわけですが、ただで帰るわけにはいかないので、一緒にタバコを吸いながら、なぜデータを提供していただけないのか、丁寧に話を聞いてみる。すると、担当者目線では、データを見せることで自分や部署の仕事に影響がないか、と不安を抱えていたりするわけです。それを受けて、相手の立場になった上で、問題ない、むしろ相手にとってもメリットがあるというロジックを説明し、実際にデータを出してもらったりしていました。

こういうことを経験するうちに、相手の立場に立って考える共感力の重要性に気づいてきたのかなと思います。

**――コミュニケーションの取り方も重要になると思うのですが、具体的に、どのように鍛えていきましたか？**

話し方にはパターン・お作法がありますから、上司などの話し方で自分が真似しやすいものを取り入れて、引き出しを増やすようにしました。

まずは相手の話を受け止めることが大事ですね。相手の目線に立つほど、こちらからは話しづらいことも出てくるわけですが、その際にはお互いが同意できるところから話す。そのなかで、前提がずれている部分の綻《ほころ》びを解いていく、というのは意識しています。

そういうときに、議論のベースとなる資料として、事業構想の全体像とかロジックの一枚紙があるととても話しやすくて、そのあたりは深掘りタイプの素養が活きているとも感じました。

クライアントに対して戦略を提案することは我々の仕事の一つですが、提案したプランを実際に実行していただけるようなコミュニケーションも大事だと考えています。

**——改めて、深掘り力と共感力の双方を鍛えることが大切だと実感できるエピソードですね。とはいえ、自分の不得意な領域を伸ばすことは少なからず負担に感じる部分もあると思いますが、どういった点を意識して取り組んでいますか？**

確かに私自身も、最初は自身の得意な深掘り力を突き詰めたいという思いが強かったです。

そんななか、当時の上司に「マエケン理論」というのを言われたことがあります。マエケン（前田健太選手）は、高校野球のときはエースで4番も打っていた。高校野球のタイミングで、何が得意で何が不得意だと言うのは変じゃないか、という話で、「確かにな」と思いました。

実際に、ビジネスプロデュースを進めていく上では、共感力も深掘り力も最低限兼ね備えていることが大前提。自分が得意な領域を突き詰めるのはそれが達成できてからと思い、どんな仕事にも積極的に取り組もう、不得意なことにも前向きに取り組もう、と意識した結果、苦手だった共感力も鍛えられたのだと思います。

ビジネスプロデュースに限りませんが、得意なことの一点突破で勝負するのは難しくなると思います。同じことが得意な人は他にもいますから。深掘り力と共感力をつないでいく人が、今後、重要ではないでしょうか。

# 第 4 章

# 部下の「共感力」と「深掘り力」を高める

## ビジネスプロデュースはチームで行なう

私たちは、創業以来、チームメンバークラスまで含めて、延べ数百人以上のビジネスプロデューサーを育成してきました。現在も、100名以上のビジネスプロデューサーが社内にいて、エース級が真のビジネスプロデューサーとして活躍してくれています。

私たちがビジネスプロデュースを行なう際には、経験豊富な役員クラスが、「オフィサー」と呼ばれる、チームのトップのポジションに就《つ》きます。いわばプロジェクトの総責任者です。実行部隊を率《ひき》いるリーダーは「マネジャー」。マネジャーの下につくメンバーは、プロジェクトにもよりますが、1～4名程度です。

メンバーとしてビジネスプロデュースのプロジェクトをいくつも経験し、ある程度高いスキルを身につけた人がマネジャーになります。

マネジャーになると、部下となるメンバーの得意なスキルを活かして、ビジネスプロデュースを進めることになります。

それとともに、**メンバーの苦手なスキルを鍛える**ことも重要です。共感タイプにも深掘り力はあります。深掘りタイプにも共感力はあります。ただ眠っているだけです。その潜在的な能力を目覚めさせる手助けをするのも、マネジャーの重要な役割です。

## 1つのチームに共感タイプ、深掘りタイプの両方いるのが理想

ビジネスプロデュースを行なうチームメンバーの構成は様々で、ケースバイケースですが、**深掘りタイプと共感タイプが少なくとも1人ずつ、メンバーとしてチームにいると、バランスがよくなり、チーム力が上がります。**

マネジャーがビジネスプロデュースという自動車の運転手だとすれば、共感タイプのメンバーはハンドルで、深掘りタイプはエンジンです。どちらも欠かせない存在です。両者にその持っている能力を遺憾なく発揮してもらうことがマネジャーの役割であり、そうすることでビジネスプロデュースを成功に導きます。

しかし、両タイプが議論をすると、なかなか話が噛み合いません。両タイプが同じテーブルについて議論できるようにするためには、全体像が描かれ、関係性がわかり、定量化、数値化された1枚のマップが極めて有効です。**マップを作ることには、深掘りタイプと共感タイプをつなぐ役割もあります。**

深掘りタイプと共感タイプが1つのチームになると、それぞれのタイプの得意な能力を上手く活用しながら、苦手な能力も鍛えられます。

**同じチームに自分とは違うタイプの人がいて、自分が不得手な能力を活かしてチームに貢献している姿を見ると、その能力へのあこがれ、その能力を持っている人へのリスペクトが生まれます。すると、苦手な能力を鍛えようとする動機づけになります。**

## メンバーの成長がマネジャーの成長

深掘りタイプのメンバーがその深掘り力をフルに発揮し、共感タイプのメンバーがその共感力を遺憾なく発揮してくれれば、自分1人では考えられなかったこと、気づかなかったことを、チームに数多くもたらしてくれます。それが、チームを率いるマネジャーの成長につながります。つまり、メンバーが成長すればするほど、マネジャーも成長するのです。

実際、ビジネスプロデュースの総責任者であるオフィサーの立場から見ていると、メンバーが伸びているチームは、それを率いるマネジャーも伸びています。

だからマネジャーには、「メンバーを成長させることが、自らの成長に直結する」と言っています。

それでも時々は、

「プロジェクトを進めるだけでも大変なのに、メンバーの育成までしなくちゃいけないなんて、勘弁《かんべん》してください」

と、反発されることがあります。

しかし、**何でも自分で全部やろうとするから大変なのです。**メンバーに最大限の力を発揮してもらうことを意識したほうが、はるかに結果につながります。

数日であればともかく、何週間も、時には何カ月も一緒に仕事をするメンバーには、少しでも早く成長してもらうことこそが大事であり、それによって自分の負担も大幅に減ります。もちろん、アウトプットの最大化にもつながります。

さらに言うと、育成できるマネジャーには、いいメンバーも集まってきます。成長したい人が集まってくるわけなので、チームの雰囲気もよくなるし、頑張るので成果も出やすくなります。

自分のことや目の前のことで精一杯になっていると、そういう好循環が回らないため、大変な状況が長引いてしまうのです。

## 上司のタイプと部下のタイプの組み合わせ

マネジャーのタイプとメンバーのタイプの組み合わせについても考えてみたいと思います（以下、わかりやすくするために、マネジャーを「上司」、メンバーを「部下」とします）。

上司には、共感力と深掘り力の両方が求められます。

上司に昇格するくらいなら、もとが共感タイプであれ、深掘りタイプであれ、ある程度は苦手なほうの能力も発揮できているでしょう。とはいえ、もともとのタイプが色濃く出てしまうと思います。

**上司は、自分と部下のタイプを意識しておくことで、的確な指導やアドバイスがし**

**やすくなります。**

部下も、上司のもともとのタイプ――共感タイプから深掘り力を高めた人か、深掘りタイプから共感力を高めた人か――を認識しておくと、よりよいコミュニケーションがとれるでしょう。

上司と部下の組み合わせによって、次のような特徴があることを知っておくことが、上司、部下の双方にとって大切です。

### もともと共感タイプの上司×共感タイプの部下

上司も部下も気持ちよく仕事ができます。営業のような仕事であれば、この組み合わせが力を発揮すると思います。

しかし、何か新しいことに挑戦するのであれば、深掘り力を補《おぎな》わないと浅いアウトプットになりがちです。

### もともと深掘りタイプの上司×深掘りタイプの部下

やはり同タイプなので、上司も部下もお互いのことがよくわかります。深掘り力を

図4-1

上司と部下のタイプの組み合わせ
共感
上司のタイプ
深掘り
共感上司
×
深掘り部下
アバウトな指示に注意
●得意な能力が異なるため補完関係
●ただし、共感タイプの上司の指示は、深掘りタイプにはアバウトに映ることも
共感上司
×
共感部下
深掘り力不足
●お互い気持ちよく仕事ができ、営業などには最適
●一方で、新しいことに挑戦するときは浅いアウトプットになりがち
深掘り上司
×
深掘り部下
共感力不足
●深掘り力を駆使する分析などの仕事に最適
●ただし、チーム内の会話が少なく、プロジェクトの進行も遅くなりがち
深掘り上司
×
共感部下
細かすぎる指示に注意
●得意な能力が異なるため補完関係
●深掘りタイプの細かい指示に部下が応えられず、苦しみがち
深掘り
部下のタイプ
共感

駆使する仕事であれば、これ以上なく力を発揮するでしょう。

しかし、プロジェクトの進行スピードが遅くなりがちになることに加えて、何か新しいことに挑戦するのであれば人的関係づくりに優れた共感力が不足します。また、チーム内の会話が少なく、雰囲気が暗くなりがちです。

## もともと共感タイプの上司×深掘りタイプの部下

お互いの得意な能力が異なるため、補い合えるという利点があります。お互いに相手のタイプへのリスペクトがあれば、上司が自分の仕事ぶりを見せるだけで、部下は自分にないスキルを学ぶことができ、成長しやすいでしょう。

また、共感タイプは人のマネジメントに向いているので、うまく噛み合えば、最も成果を出しやすい組み合わせだと思います。

ただ、共感タイプの上司の指示は、深掘りタイプの部下から見るとアバウトだと感じ、イライラしがちです。

### もともと深掘りタイプの上司×共感タイプの部下

お互いに相手のタイプへのリスペクトがあれば、部下は上司の仕事ぶりから自分にないスキルを学べるので、成長しやすいでしょう。

ただ、上司の指示が細かいため、共感タイプの部下はそれに応えられず、かなり苦しむことになります。誤解を恐れずに言えば、最もパワハラが起きやすい組み合わせで、チームとして崩壊しやすいので、特に注意が必要です。

## 部下のタイプを知れば的確なアドバイスができる

部下のスキルを鍛えるにあたって、叱って育てたほうがいいのか、褒めて育てたほうがいいのかは、よく議論になるところですが、前章で述べたように、部下のタイプによって違います。

深掘りタイプは、褒められてもあまり反応しないか、逆に効きすぎて気が緩《ゆる》んで、やる気を失うこともあります。

一方、共感タイプは、褒められると嬉しくなって、やる気が出ます。逆に、叱られると反発して、やる気を失います。

この違いを上司が知っていることも、部下を上手に指導するうえで重要です。


**お客様に感謝されるのは、共感タイプにとって大きなモチベーションになります。**ですから、共感タイプの部下には手柄《てがら》をあげるようにしましょう。すると、また頑張ってくれます。


**深掘りタイプは、他人に感謝されるより、自分の納得感をより高めたいと考えています。**自分が納得できる仕事ができたことが、次へのモチベーションになります。ですから、高い納得感が得られるような、やや難易度の高い仕事にチャレンジしてもらうようにするといいでしょう。

部下が2つのタイプのどちらなのかを認識し、それを踏まえて指導すれば、部下はどんどん伸びていきます。

これ以外にも、**2つのタイプにはたくさんの違いがあります。それを理解していれば、指導やアドバイスに活かすことができます。**

例えば、「若い社員が育っていない」という課題について議論することになったとします。

共感タイプは、思いつきの浅い答えを自信満々に言い切ります。あるいは、「Aさんと Bさんのことでしょ。それなら2人を呼んで教育しましょう」などと、解決策を勝手に決めつけます。その意見が正しいかどうかを検証するのは、「どうせ正しいに決まっているのだから、面倒なだけだ」と考えています。

他方、深掘りタイプは、「若い社員って何歳から何歳の人のことですか?」「育っていないという判断の理由は何ですか?」などと細かいことを言い出します。それらがクリアになったら、「採用が原因なのか」「研修が原因なのか」「現場が原因なのか」といったように課題を分解して考え始めます。そして、「これが原因だから、こうするのが解決策だ」と決めつけるのですが、口にはせず、その解決策が正しいということを自分で納得するための根拠となることだけを延々と調べ続けます。

解決策を決めつけるのは両タイプとも同じですが、こうしたかなりの違いがあります。

したがって、両タイプへの上司の働きかけもまったく違うものになります。

共感タイプに対しては、

「思いついたことをすぐに話し始めるのはやめたほうがいい。少なくとも5秒は考えてから話し始めてね」

などとアドバイスするのが有効でしょう。

深掘りタイプに対しては、

「考えすぎないほうがいいな。とりあえず現段階での課題を言ってみて」

などとアドバイスをするといいでしょう。

**両タイプの特徴がわかっていれば、このようにアドバイスの仕方を使い分けることができます。**

上司は、部下がどちらのタイプなのかを認識し、アドバイスを上手く使い分けることが大事です。

## タイプによって指示の仕方も変える

ビジネスプロデュースに限りませんが、プロジェクトの最初の段階では、そのテーマに関する情報や知識を幅広くインプットする必要があります。そこで、部下に情報をインプットするよう指示をするとしましょう。

共感タイプは、情報や知識を幅広く仕入れるのが得意です。本や雑誌、新聞、ウェブサイト上の情報や記事に片っ端から目を通していくことが苦になりません。まさに「目を通している」状態で、ポイントだけを拾って、飛ばし読みをすることが難なくできます。

一方で、もともと情報や知識を得るために調べることを面倒くさいと思っているので、できるだけ効率よく情報や知識を得たいと思っています。その結果、「広く浅く」

情報や知識をインプットするのが得意なのです。

そんな共感タイプに対して、「この1冊に大事なことがすべて書いてあるから、しっかりと読み込んできて」と指示すると、どうなるでしょうか。読んでいる途中で眠たくなり、最後まで読み切れないか、いつものように飛ばし読みですませてしまうかのどちらかになりがちです。

他方、深掘りタイプは、飛ばし読みができません。読み始めると、興味が湧いて全部読んでしまう。あるいは、読み飛ばしたところに重要なことが書いてあるのではないかと気になってしまい、結局、全部読んでしまう。

その結果、インプットに大量の時間がかかり、最後は時間切れになります。結果、一部の偏《かたよ》った情報と知識を得るだけ、ということになってしまいます。

そんな深掘りタイプに、「このテーマについてざっと知っておく必要があるから、この10冊を飛ばし読みでいいので読んでおいて」と指示するとどうなるでしょうか。飛ばし読みをすることができず、時間が不足し、数冊は読めずに終わる可能性が高いと思います。

「1冊だけなら読み込めるだろう」「飛ばし読みぐらい誰でもできるだろう」と思うかもしれませんが、タイプによっては、これが意外にできません。

このように、本の読み方ひとつ見ても、**タイプに合わせた指示の出し方が重要**であることがわかります。

以上を踏まえて、どのように働きかけると部下が苦手な能力が鍛えられるのか、具体的に述べていきましょう。

前章で、共感タイプが深掘り力を鍛えるための方法を3ステップに分けて各2つずつの計6つ、深掘りタイプが共感力を鍛えるための方法も同様に6つ紹介しました。それを踏まえて、この各6つのトレーニングを部下にしてもらうために、上司がどう働きかければいいかについて述べます。

共感タイプの部下へ：ステップ❶－1

## 知識を増やさせる

共感タイプの部下には、深掘り力を鍛えてもらう必要があります。

前章で見たように、共感タイプが深掘り力を鍛えるステップ①は、「知識を増やす」と「論点を整理する」です。これを部下が実践するように、上司が働きかけます。

共感タイプに知識を増やしてもらうには、**インプットする対象を具体的に限定して指示する**ことが大切です。そうしないと、大事なことでも浅くしか調べませんし、すぐに飽きて別のことを調べ始めてしまいます。

1つのことを深く調べるのは苦手なのですが、あえてそれをしてもらいます。そして、深掘りをすると大切なことが見えてくることを実感してくれれば、それ以降も、1つのことを深く調べるようになります。

共感タイプは人への興味関心が高く、褒められることがモチベーションになるので、インプットのために話を聞かせてもらっている人などの名前を出して、次のように指示すると、モチベーションが上がるでしょう。

**「あの人をあっと言わせたいんだけど、何か面白いデータや情報がないかな」**

「あの人に褒められるために」と思うと、得意ではないデータ集めや情報収集も頑張れます。

その人のことを書いたホワイトボードのほうを向いて横に並んで座り、「この人が喜ぶ情報を手に入れるには、こういうデータも調べるといいんじゃないか」などと一緒に考えるのもいいでしょう。

## 部下に指示しておきながら上司も同じことを調べてはいけない

これは共感タイプの部下に対してだけでなく、深掘りタイプの部下に対しても同じですが、インプットを指示する際に絶対にしてはいけないことがあります。それは、「○○について調べて」と指示をしておきながら、自分でも調べることです。

これをすると、部下のアウトプットを見たときに、不十分なところばかりが目につきます。面白い内容があっても、自分も知っているので、驚きがありません。その結果、ダメ出しばかりになる。これは最悪です。

特に上司になったばかりのときは、自分のもともとのタイプと同タイプの部下に対しては物足りなさを感じ、逆のタイプの部下には不安を感じます。結果、部下を信じられず、部下と同じことを自分もやってしまいがちです。しかし、同じことを2人でやっていては、チームの生産性は上がりません。

「上司は部下とはまったく違う観点で動け」

これは、私がマネジャーになりたての頃に言われたことです。

具体的には、「プロジェクトの全体を見て、逆算して動く」「上層部に話を通しておく」「部下が行くことができていない現場を見に行く」「部下が会っていない人に会いに行く」といったことです。

自分が知らなかった情報や考えつかなかった発想を部下が持ってきた場合は、素直に褒めましょう。

すると、「自分が調べた情報には価値があるんだ」「自分が思いついたのはいいアイデアなんだ」とメンバーが自信をつけて、さらに積極的に動いてくれるようになります。

## 共感タイプの部下へ：ステップ❶-2

# 論点を整理させる

共感タイプは、色々な人に会いに行き、様々な情報を得てくることは得意です。また、知り合いも多く、「これについての話を聞ける人は誰かいるかな？」などと聞けば、ふさわしい人を見つけてくるのも得意です。こうした能力を活用しない手はありません。

しかし、繰り返しになりますが、色々な人に話を聞くと、それぞれが違う話をします。例えば、医薬品に関するマップを作ろうとしていて、ある高額な薬を処方する意味は本当にあるのか、色々な人に話を聞きに行ってもらったとしましょう。すると、次のように報告するかもしれません。

「A教授は『意味があるに決まっている』と言っていました。でも、B医師は『実は、この薬はあまり効かない』と言っていました」

**共感タイプは「誰が」言っていたかに関心が向きがちで、話の論点への意識が薄い傾向があります。**ですから、「A教授とB医師は正反対のことを言っている」という認識に留まってしまいがちです。このままではマップが作れません。

そこで、論点に意識を向けてもらいます。上司は次のように聞くといいでしょう。

「A教授やB医師は、**何を論点にして、そう言っていたの？**」

共感タイプは人への感度が高いので、相手の発言の背景や意図、目的などを汲みとれます。ですから、このように聞かれれば、例えば、

「A教授は、その薬を投与した患者は余命が延びるので『意味がある』と言っています。けれども、症状が改善するわけではないので、B医師は『あまり効かない』と言っています」

というように、それぞれの論点が違っていることに気づけます。すると、矛盾なく理解することができます。

どういう背景の違いや立場の違いから意見の違いが生まれてくるのかを意識しながら色々な人とコミュニケーションをとるように指導すると、マップに整理するときの軸が見つかりやすくなり、構想や戦略につながっていきます。

## 共感タイプの部下へ：ステップ❷-1

# 定量化させる

共感タイプが深掘り力を鍛えるステップ②は「分解して定量化する」と「マトリクスで考える」でした。

共感タイプは定量化や数値化も苦手です。

しかし、マップは数字で表現することが重要です。定量化、数値化されているのと、されていないのとでは、見る人の納得感、見る人への説得力がまったく違います。もちろん、戦略を立てるにも、数字で考える必要があります。

そこで上司は、頻繁《ひんぱん》にこう聞くようにします。

**「それって数字にならない？」**
**「数字で言ってみて」**

すると、何とか定量化、数値化しようと、深掘りを始めます。

## 共感タイプの部下へ：ステップ②-2

## マトリクスで考えさせる

**共感タイプには、最初に考えたことが本質を突いたものだと思い込む傾向があり、そのために視野が狭くなりがち**です。

先ほどの医薬品のマップづくりの例で言えば、「A教授とB医師の話が食い違うのは、A教授は余命のことを言っていて、B医師は症状のことを言っているからだ」と思ったら、今度はこの切り口に固執してしまい、他の可能性に考えが及ばなくなるのです。

別の言い方をすれば、共感タイプは、「自分は視野が広く、全体が見えている」とすぐに思ってしまって、そこで満足してしまうということです。
これでは、適切な2軸を試行錯誤して選び、マトリクスを作ることができません。

そこで、上司から見て視野が狭いと思えば、

**「視野が狭いよ。もっと広げて考えてみて」**
**「こうしたこともあり得るでしょう。この点も考えておかないと」**

というように、共感タイプが見えていない部分を指摘しましょう。違った観点があることを指摘してあげることで、共感タイプの視野が広がります。
ただし、こうした指摘をするためには、上司が部下以上の知識を持っている必要があります。

**「この前提だったら確かにその通りだけれども、前提がこうだったら、まったく違うんじゃない?」**

このような指摘も有効です。共感タイプの部下は自分の考えの浅さに気づき、深掘りをしようと思うでしょう。

考えを深めるためには「なぜ?」を5回繰り返すといいとよく言われます。これは、深掘りタイプに対してなら有効ですが、共感タイプにも有効かと言えば、そうとも限りません。

「なぜ?」と聞かれれば、共感タイプも何かしら考えて、答えます。しかし、「なぜ?」を繰り返すと、「なぜなんでしょうねえ。でも、専門家の○○さんがそう言っていたから、それで合っていると思いますよ」というような言い方を平気でしてきます。

考えを深めてもらうときも、共感タイプは、やはり「人」がモチベーションになります。

**「これをあの人に見せたら、つまらないって言われそうだよね。新たな気づきを得て**

もらうには、どうすればいいかな」

さらに、「ここを深掘りすれば、あの人が喜んでくれるんじゃないかな」などと伝えると、共感タイプの深掘りするモチベーションが上がります。

考えが浅いところは指摘しなければなりません。しかし、「考えが浅い」とばかり言っていると、へこんだり、さらには、どうしたらいいかわからなくなってしまうことで、モチベーションが下がってしまいます。時には、そっぽを向いてしまうなど、反発することもあります。伝え方には注意しましょう。

そうして深く考え直した結果を持って人に会えば、「こんなの見たことない」「これはとても面白い内容だね」などと、褒められます。すると楽しくなり、深掘りに意欲的に取り組むようになります。そして、自然に深掘り力が鍛えられていくという好循環が回り始めます。

共感タイプの部下へ：ステップ③－１

## 視座の高い人と議論させる

共感タイプが深掘り力を鍛えるステップ③は「視座の高い人と議論する」と「マップで考える」でした。

マトリクスが進化してマップになってきたら、それを持って色々な人に会いに行き、意見を聞いたり議論をしたりしながら、マップをさらに進化させていきます。

そのためのアポをとることは、共感タイプは得意です。ただし、いくつか注意点があります。

まず、**議論できるレベルに達していないマップを持って、人に会いに行ってしまうことがあります。**

相手の話に対して「そうですね」「おっしゃる通りです」などと共感を示してミー

ティングを盛り上げるだけでは、次につながりません。「楽しかったけど、ムダな時間だったな」と思われてしまうと、2回目に会ってもらおうと連絡しても、「ちょっと今は忙しいので、しばらくたってから、こちらから連絡しますよ」などと言われます。そうなったら、2回目は永久に来ないと考えたほうがいいでしょう。

共感タイプはスピード感があるだけに、いつ誰に会うのか、上司は常に注意を払っておく必要があります。そうしないと、キーマンとなる人に準備不足で会いに行ってしまい、次がなくなってしまいます。これはかなりの致命傷《ちめいしょう》です。

ただの情報収集であれば、1回だけ会って終わりでもいいかもしれません。しかし、何度も議論をしたい、何度も意見をもらいたいキーマンに対しては、2回目につなげることが、最初に会ったときの最低限の目標となります。2回目に会ったら3回目、3回目に会ったら4回目につながるようにしなければなりません。

そこで重要なのが、**「この人と会うと、新しい気づきがある」「この人に会うことには価値がある」と思ってもらう**ことです。そのためには、入念に準備をしなければなりません。部下が作ったプレゼン資料はチームとして共有し、上司が内容を事前に確認しましょう。

**2回目のミーティングに、1回目とほとんど同じ資料を持って行くことも、共感タイプは平気でやりがちです。**

せっかく時間をとったのに、前回と同じ資料を見せられたら、相手は「また会おう」とは思いません。

また、**共感タイプは、相手に何かネガティブな反応をされると、「そうですよねぇ」とだけ言って帰ってきてしまうことがあります。**「どこが最大のネックですか？　こう変えたら問題ないでしょうか？」などと質問を相手に投げかけ、落としどころを探る、あるいは、相手の本心を探らなければならないのに、それをしません。

こうした傾向を感じたら、上司は、「ミーティングに行く前に、1回、頭回しとこうか」などと言って、シミュレーションを行なうようにします。雑談程度でもかまいません。

**「こう聞かれたら、どう答える?」**

**「それじゃあ少し弱いから、こう答えてみたらどう?」**

などと想定問答をしておくと、いいミーティングをして帰ってきます。

共感タイプは、会話自体は得意なので、シミュレーションでやりとりの練習をしておくと、応用を利《き》かせるのは上手です。

もう1点、注意すべきは、**共感タイプは、相手に共感しすぎるがあまり、本来の目的を忘れてしまうことがある**ということです。

ビジネスプロデュースのステップ4以降、「連携」「ルールづくり」「実行」の段階で、相手側に寄り添いすぎて、相手のメリットのほうが大きくなってしまい、おいしいところを持っていかれてしまうことがあるのです。あるいは、「取引条件が悪いと思っているな」などと相手の気持ちがわかるだけに、自分から条件を甘くしてしまい、安売りしてしまいます。

実際のビジネスプロデュースでは、こうした最後の条件交渉はマネジャー以上の仕事になります。全体を見渡したうえで、大所高所《たいしょこうしょ》からの判断が必要になるので、共感力と深掘り力が高次元でバランスしたビジネスプロデューサーでないと難しい仕事です。

裏を返せば、**両方の能力の高次元でのハーモニーを実現していれば、利害関係が複雑に絡《から》み合っている色々な場面でも活躍できる**ということです。

メンバーに同行してもらい、将来のためにベテランのビジネスプロデューサーの実際の仕事を見てもらうことは、もちろんＤＩでもやっています。それが、自分にない能力にあこがれ、鍛えるモチベーションになると考えているからです。

## 共感タイプの部下へ：ステップ③－2
## マップで考えさせる

視座の高い人たちと議論をして得た知見は、マップに反映させます。

その際にも、

**「あの人に次のミーティングで見せて喜んでもらうには、どんなマップに進化させればいいかな」**

などと声をかけて、考えを深掘りするよう促しましょう。

## 深掘りタイプの部下へ：ステップ❶―1

## 「型」を意識させる

続いて、深掘りタイプの部下への働きかけです。

前章で見たように、深掘りタイプが共感力を鍛えるステップ①は「『型』を意識する」と「デッドラインを決める」です。これを部下が実践するように、上司が働きかけます。

深掘りタイプは、深く調べたり考えたりすることが得意です。しかし、自分が納得したいことを、満足するまで延々と調べたり考え続けるところまではいいのですが、何もアウトプットしないことが往々《おうおう》にしてあります。

そこで、**予めアウトプットのイメージを伝えておきます。あるいは、記入すればいいだけのフォーマットを用意して渡しておきます。**そうすれば、深掘りタイプは、そのイメージ通り、フォーマット通りのアウトプットを仕上げてくれます。これが「型」です。

インプットを指示するときには、次のような伝え方をするといいでしょう。

**「こういうことを証明したいんだけど、関係のありそうなことを調べてくれないかな」**
**「こういうことが言えるといいんだけど、言える材料って何かあるかな」**

何のためにインプットをするのかという目的を示すのです。目的を示せば、それが一種の型になって、関係のないことを延々と調べ続けることを防げます。

しかし、いつも上司が型を与えてしまうと、どんなアウトプットをすればいいのか、どんなアウトプットに価値があるのか、自分で考える機会を失わせてしまいます。

実は、深掘りタイプは、「アウトプット」を自分で考えるのが苦手です。

例えば、何かを調べるように指示すると、締め切りになって、手ぶらで「面白いデータが何も見つかりませんでした」などと言ったりします。それは、サボって何も調べていなかったわけではなく、実際には大量に色々なことを調べているのに、**調べたことから重要なポイントを拾って報告することが不得手《ふえて》**だからです。調べたことをただ羅列《られつ》したただけのレポートを提出することもあります。

上司は、調査や分析が得意な深掘りタイプに指示をしたからといって、深い内容のアウトプットが上がってくるとは限らないことを、予め認識しておきましょう。それはサボったからではなく、大量に調べ、深く考えたけれども、どんなアウトプットをすれば価値があるのかがわからないからです。

そこで、次のように聞いてみてください。

**「どんなことを調べてみた？」**
**「何に当たってみたの？」**

すると、「これと、これと、これと、……」と調べたことを言い始めるでしょう。

そこで、「よく調べているじゃないか。どんなことが書いてあった？」と聞くと、「特にたいしたことは何も書いてありませんでした」と答えたりします。上司から見ると重要なことでも、その重要性に気づいていないのです。

そこで、さらに、

**「例えばどんなことが書いてあったか、言ってみて」**

と引き出してあげて、重要なポイントが出てきたら、そこが重要だと指摘してあげましょう。

人に話を聞いたときも同じようなことが起こります。「面白い話が何も聞けませんでした」と報告するのです。その場合も、どんな人にどんな話を聞いたのか、具体的に教えてもらいましょう。

上司がやるべきことは、**時間をかけて、部下が調べたことを聞いてあげること。そして、聞いたことを整理して、「ここが面白い」「ここに価値がある」「こちらのほうが優先順位が高い」などと、実際に重要ポイントを示す**ことです。

そうすると、「ここに価値があるんだな」ということを少しずつ理解できるようになります。それを繰り返しているうちに、徐々に自分でも型を作れるようになっていきます。

## 深掘りタイプの部下へ：ステップ❶-2
## デッドラインを決める

深掘りタイプに仕事を依頼するときに忘れてはいけないのが、「1週間後」など、**必ず締め切りを設定する**ことです。

締め切りを設定しないと、深掘りタイプは延々と調べ続けたり、考え続けたりします。その結果、オーバーワークとなってパンクすることもあります。

上司は、**深掘りタイプはパンクしやすいという認識を持って、それを前提に指示をすると、マネジメントが上手くいきやすい**でしょう。

なお、締め切りを決めるのは深掘りタイプに対して特に重要だということであって、当然ながら、共感タイプに対しても必要です。ただ、共感タイプの場合は、締め切りを待たずに、浅い考えのアウトプットを出してきがちです。

締め切りまでの状況確認については、部下の力量に合わせて、コミュニケーションの頻度や量を変えます。

例えば、新人に指示をしてから1週間ほったらかしにすると、迷走に迷走を重ねます。初めは午前に1回、午後に1回、報告を聞くようにするくらいがいいかもしれません。しばらくすると、2~3日に1度、「どんな感じ?」と声をかけるくらいでよくなるでしょう。

状況確認をして、間違った方向に進んでいたら、方向転換を指示します。

プロジェクトの全体観をもって個々の部下の動きを見られるのは上司だけです。全体観をもって部下にアドバイスをすれば、部下のレベルも上がります。

## 深掘りタイプの部下へ：ステップ②-1

# 人に会いに行かせる

深掘りタイプが共感力を鍛えるステップ②は、「人に会いに行く」と「あえて結論を言う」でした。

人に会いに行くことは、深掘りタイプは苦手です。「ミーティング用の資料ができてからアポイントをとろう」と考えます。すると、その人に会うのは、アポ調整の時間も追加されるので、相当な先になり、どんどん進行が遅くなります。

それを防ぐためには、**ミーティング用の資料ができていなくても、準備が整ってい**

**なくても、先にアポイントを入れさせる**ことです。

深掘りタイプは、自分で「完璧に準備ができた」と思わない限り、アポイントを入れようとしません。それではスピードが遅すぎます。

アポイントを入れてしまえば、それが締め切りになります。アポイントの日時までに準備を終わらせるしかなくなります。

深掘りタイプは、アポイントをとるのは遅いですが、ミーティングの日時が決まれば、それまでに入念に資料を作って準備をします。

マップの完成度が高くなったら、**ミーティング用の資料は、背景や目的の説明が1枚、マップが1枚、マップの添付資料が1枚の合計3枚で十分**です。「議論したいこと」の紙がもう1枚あると、さらにいいかもしれません。

深掘りタイプは、その完成度を高めて、相手が「ぜひ、また会いたい」と思うレベルに仕上げるでしょう。

会ったことのない人に1人で会いに行くことに恐怖感があり、まだ自信がない深掘りタイプに対しては、上司のミーティングに同行してもらい、ミーティングの「いろは」を学んでもらうことから始めます。

その際、ただ同行してもらうだけでは、ミーティングの間中、何も話さないことがあります。これでは共感力のトレーニングになりません。

そこで、ミーティングに入る前に、こう伝えます。

**「自己紹介以外に、必ず1回はミーティング中に話してね」**

それでも、先方との会話に入ってこられないケースもあります。その場合は、上司が話を振るようにします。

深掘りタイプは、資料の中身については詳しく理解しています。そこで、

**「これってどういうことだった？　少し説明してくれる」**

と話を振るのです。すると、適切に説明してくれるでしょう。

こうした経験をすると、「ミーティング中に話せた」と、本人にとっての成功体験ができます。

ミーティング後に、上司が「ちゃんと話せたじゃないか」と褒め、「次は2回話してね」「次はプレゼンをやってね」という具合にレベルを上げていきます。

何回かミーティングに同行してもらい、ミーティング中に2～3回は会話に入ってこられるようになったら、深掘りタイプにも1人でミーティングに行ってもらいます。その際、事前に次のような注意をします。

**「いきなり資料を渡して説明を始めないように。まずは挨拶《あいさつ》を含めて5分間ぐらい雑談をしてから本題に入るんだぞ」**

このように言っておけば、深掘りタイプは、雑談についても何か自分で仕込みます。深掘りタイプには、共感力が試される場面については、このくらい細かい指示をする必要があります。

## 深掘りタイプの部下へ：ステップ②-2

# 発言をしてもらう

深掘りタイプが共感力を鍛えるステップ②は、「人に会いに行く」と「あえて結論を言う」でしたが、上司が部下に「あえて結論を言わせる」のは、いきなりは難しいので、「発言をしてもらう」ところから始めましょう。

深掘りタイプは、深く考えているにもかかわらず、自分の考えに納得がいかず、つまらないと思っていることがよくあります。だから、口にしなかったりします。

そこで、**どういうことを考えているのかを話してもらって、その考えのどこに価値があるかに気づかせてあげる**ことが、上司の役割です。

**「ここが面白いよね」**
**「ここに新しい価値があるよね」**

などと指摘してあげましょう。上司に具体的に示してもらって初めて、「ここに価値があるんだ」と、深掘りタイプは気づくのです。そして、モチベーションを上げます。共感タイプのモチベーションのスイッチが「人」であるのに対して、深掘りタイプは「物事」をよりよくしたいという思いがモチベーションになっています。そのことに貢献できているという実感が、モチベーションを高めます。

## 深掘りタイプの部下へ：ステップ③－1

# 表現のレパートリーを増やしてもらう

深掘りタイプが共感力を鍛えるステップ③は、「表現のレパートリーを増やす」と「マップで考える」です。

相手によって表現を変えることは、ミーティングに持っていく資料だけでなく、ミーティングでの説明の仕方においても大事です。可能であれば、**相手が深掘りタイプか共感タイプかによって、説明の仕方を変えてもらいたいところです。**

こちらの話を理解していても、あまり反応を示してくれないのであれば、深掘りタイプかもしれません。深掘りタイプの人に説明するときは、順を追って論理的に話を展開したほうが納得されやすいでしょう。

話の内容をあまり理解していないようなのに好反応を見せていれば、共感タイプかもしれません。共感タイプの人に対して説明をするときは、あまりに前振りが長いと「何が言いたいんだ！」と怒られてしまいかねません。

このように、相手のタイプが見抜ければ、落ち着いて相手に合わせた会話ができます。

プレゼンにおいて、アメリカでは「最初に結論を言え」と教えられます。結論から始まって、その理由をあとから説明します。相手が共感タイプなら、こちらのほうが有効でしょう。

一方、ドイツでは、言葉の定義から始まって、すべての説明を順番に行ない、最後に結論を述べます。相手が深掘りタイプの場合は、こちらのほうが有効である可能性があります。

共感タイプは、相手の反応を見ながら、うまく説明の仕方を変えるのですが、深掘りタイプはそれが苦手です。上司が手本を見せながら指導するといいでしょう。

表現のレパートリーということで言うと、深掘りタイプには、相手の言葉を否定することなく自分の意見を述べるという訓練を意識的にやってもらう必要があります。深掘りタイプはストレートな表現をしがちで、それでトラブルになった経験があると何も言わなくなります。しかし、当たり前ですが、いつまでも何も言わずには済まされせん。

あえて回りくどい言い方をしたり、少しぼかして言ったりすることを意識することが、深掘りタイプには必要なのです。

共感タイプは、こうしたことが自然にできてしまいます。意識しないとできないのが深掘りタイプです。

**●どんな質問や意見に対しても笑顔で、「ああ、なるほど」とまず言ってみる。**

**●相手が言ったことを、すぐに「いいえ、それは違います」などと、頭から否定することは絶対にしない。**

**●「いや」「でも」「しかし」などの逆説の接続詞で話を始めない。**

こうしたアドバイスも、深掘りタイプに対しては非常に有効です。

深掘りタイプ自身も、色々な人に同行した際、上司や同僚の言い方に注意を払い、それを真似するようにしてください。

例えば、

**「確かにそういう考えもあります。でも、別の言い方をすると……」**

という言い方をすれば、相手の考えを肯定《こうてい》して認めたうえで、違う考えを述べられます。相手の考えとは違う意見を言いたいのだけれども、直接そう言わずに、回りくどい言い方をわざわざする。これも、言い方の工夫の1つです。
「ああ、こういう言い方をすればいいのか」「うまい言い方だな」と思ったら、それを真似してみる。自分がそうした言い方ができていないことは深掘りタイプも自覚しているでしょう。お手本があれば、どういう言い方が上手い言い方なのかも自分でわかります。
「悪い意味ではないのですが」といったん言ってから、悪い点を指摘するようにするなど、話し始めの言葉を少し工夫するだけでも、相手への印象は変わります。

深掘りタイプが、相手の感情を考えず、あまりに一方的に話を進めると、相手が反発したり、時には怒り出したりすることもあります。資料やマップがどんなによくても、相手に嫌われてしまうことがあるのです。上司はこの点にも十分注意を払う必要があります。

他方、相手の感情に常にアンテナを張っている共感タイプは、相手を怒らせてしまうようなことはほとんどありません。

共感タイプは、「自分たちの考えが間違っているかもしれないな」と思いながら、他人の力を借りようと思って話を聞きに行きます。この姿勢は非常に大切です。

深掘りタイプは、「自分こそ正しい」「自分たちの考えが唯一の解決策だ」などと考えがちなので、ここは共感タイプの姿勢を見習ってほしいと思います。

## 深掘りタイプの部下へ：ステップ❸－2
## マップで考えさせる

深掘りタイプは、調査や分析は深くするのですが、それをマップに整理することが苦手です。詳細に調べ上げた情報がたくさんあるのに、マップにまとめられないようでいるなら、「これを軸にとってみたらどうかな」などと、上司がアドバイスをしてあげましょう。

しかし、アドバイスをしても、それに納得しないこともあります。

例えば、「抗がん剤や手術など、多数あるがんの治療法のうち、何に資金援助するのが望ましいか」を示すために、様々あるがんの治療法のマップを作るとしましょう。がんの治療法の中には、がん細胞を殺して消し去る効果が高いものもあれば、低いものもあります。また、がん細胞だけに働くものもあれば、がん細胞以外にも影響を与えてしまうものもあります。

そこで上司が、がん細胞を殺す効果を「攻撃力」、がん細胞だけに働くかどうかを「命中精度」として、縦横の2軸にとるのがいいのではないかと、深掘りタイプの部下にアドバイスをしたとします。

すると、色々な情報を調べてきた深掘りタイプは、こう思うでしょう。

「ひと口にがんと言っても様々な種類があって、治療法との相性《あいしょう》もあるし、患者の状態によっても治療の効果は変わってくる。『攻撃力』や『命中精度』なんていう安易な数値化はできない」

確かにその通りなのですが、このマップでは「どんな治療法が効果的だから資金援助をするべきで、どんな治療法は弊害が大きいので推奨すべきでないのか」といったことが示せればいいので、厳密な正確性までは必要ありません。

けれども、**深掘りタイプが不満顔をしているときは、一度、自分の考えでやってみてもらいます。**そして、できたものに対して、「このマップだと、こういうことがわかりにくいよね」などと不十分な部分を指摘します。

「この2つの情報は、こうすれば1軸で表現することもできるんじゃないかな」

「この情報は、完成したマップを説明するときの資料として使えるね」

このように伝えると、深掘りタイプも納得してくれます。

## ミーティングから戻ってきた部下に聞くべきこと

共感タイプであっても、深掘りタイプであっても、ミーティングから戻ってきた部下に対して上司がするべきことがあるので、本章の最後に述べておきます。

まずは次のような質問をして、ミーティングの内容を具体的に聞きます。

**「雰囲気どうだった？」**

**「どういう反応だった？」**

**「なぜ、そう思ったの？」**

**「イエスだった？　ノーだった？」**

**「どういう背景でイエス（ノー）と言ったの？」**

**「先方が気にしていることは何かな？」**

**「キーマンとして誰かの名前が出た？」**

**「宿題は何になった？」**

**「次はいつ？」**


単に「どうだった？」と聞くと、共感タイプは相手の話をそのまま話します。そして、少し突っ込むと、「そこまでは聞きませんでした」と答えることが多い。

具体的に内容を確認するようにすることで、共感タイプもミーティングで相手に突っ込んだ話を聞くようになります。

深掘りタイプの場合は、人への感度が低いためか、相手について見誤ることがよくあります。

例えば、「どうだった？」と聞くと「すごい人でした」と答えるので、それならと、次のミーティングに上司が同行すると、がっかりだった。こういうこともあります。

同様に、「全然わかってもらえませんでした」と答えるので、心配して次のミーティングに同行すると、協力的だった、ということもあります。深掘りタイプは、自分が説明したことを100%相手に理解してほしいと思うので、半分理解してもらっても、「半分しか」と思うのでしょう。しかし、「半分も」理解してもらえたら十分です。

逆に、深掘りタイプが「相手と仲よくなれた」と思っても、相手はそうは思っていないということもあります。

共感タイプと深掘りタイプが2人でミーティングに行ったとします。ミーティング後、上司の「雰囲気どうだった？」という質問に対して、共感タイプは「よかったです！」と答え、深掘りタイプは、「いやあ、難しそうです」と答える、ということもよくあります。

**相手の意見に対して、ポジティブな捉え方をする共感タイプと、ネガティブな捉え方をする深掘りタイプ。**こうした答え方の特徴を前提に、上司は話を聞いてください。

## 「気にしていること」を聞いてネクストアクションを起こす

ミーティングから戻ってきた部下に「先方が気にしていることは何かな？」と聞くのは、それによって次の動き方が変わるからです。

例えば、A社とのミーティングで、B社の動向を気にしていることがわかれば、次はB社に話を聞きに行く。その内容を、A社との次のミーティングで伝えます。

国がどういう方針なのかを気にしている企業や地方自治体があれば、経済産業省や厚生労働省、国土交通省、環境省など、関連する省庁の該当部門の担当者に話を聞きに行く。各省庁の方針がわかれば、それをネタにして、次のアポイントをとることができます。

こうした**企業同士や企業と行政の関係性などを把握しながら動くことが、ゆくゆくは最適な連携を考えることにつながります。**

繰り返しますが、ミーティングにおいて最も大切なのは、次につながるかどうかです。次があるのなら、そのミーティングの感触が悪くても、いくらでも挽回《ばんかい》できます。次に何を準備していったら、先方は喜んで会ってくれるか。ミーティングを終えたら、それを考えることに頭を切り替えて、ネクストアクションに集中します。

もちろん、次につながる可能性がまったくないのであれば、そこで終わらせるという判断をしなければなりません。ダラダラと引きずらずに、見切ることも大切です。そのための判断材料も必要です。

マップづくりの時点からミーティングを重ねていた企業とビジネスプロデュースで連携することもあれば、最後の最後で別の企業と連携することもあります。最終的にどの企業と連携するかは、最後までわかりません。

# 第5章

# 「共感力」と「深掘り力」はここで発揮される

前章までで、共感力と深掘り力の鍛え方について述べました。
それを踏まえて、本章では、部下を持つビジネスプロデューサーが、どのように共感力と深掘り力を発揮してビジネスプロデュースを進めるのか、ステップごとに分けて述べていきたいと思います。

繰り返しになりますが、ビジネスプロデュースは次の5つのステップに分けられます。

ステップ1：構想する
ステップ2：戦略を立てる
ステップ3：連携する
ステップ4：ルールを作る
ステップ5：実行する

最後のステップ5は、まさに「実行する」だけですので、ステップ4までについて、順番に述べていきましょう。

## ステップ1

# 「構想する」

ステップ1は、作ったマップの質を高めて、構想に進化させる段階です。この構想の良し悪しでビジネスプロデュースの真価が決まると言っても過言ではありません。

この段階で最も意識すべきことは、構想を大きく広げることです。**構想が小さいと、そこから生まれるビジネスの規模が小さくなってしまいます。** 大企業の柱となるような数百億、数千億円の新規事業を生み出すには、大きな構想を描いておく必要があります。

また、**構想が大きければ、自社の居場所を見つけやすくなります。**

様々な企業などと連携するのがビジネスプロデュースですが、それらの企業に事業をすべて持っていかれて、自社にビジネスの余地が残らないという事態が起きるのは、構想が小さい証拠です。

強い大企業と1対1で向き合うと、その大企業にビジネスモデルをとられてしまうことも起こり得ますが、いくつもの企業が連携すれば、自社のほうが優れている部分、必要とされる役割が必ず生じます。

一般的にビジネスでは「ピンチに備える」ことが意識されますが、ビジネスプロデュースにおいては**「チャンスを広げる」**方向に意識を向けます。

ビジネスプロデュースを行なう中心となる企業は、そのビジネスの全体像を一番広く見渡せる立場にあります。情報も一番集まりますし、ハブの役割を担うのも容易いということになります。構想が大きくなればなるほど、ハブの価値も高まるので、他の企業に自社の居場所や役割をとられる心配も減ります。その意味でも、ピンチに備える意識よりも、チャンスを広げる意識が大事になるのです。

構想を広げるためには、まず**思考を外側に向けます。**上司や社内ではなく、社会に目を向けます。社会課題に関係する人や企業、国、自治体などをよく観察します。

**人に話を聞きに行くときも、視座が高く、構想を大きくしてくれる人に会いに行く。**

その社会課題に関係する人や企業などを紹介してくれるような人です。すると、連携できる可能性のある企業などがどんどん増えていき、視野も大きく広がっていきます。

逆に、小さく囲い込もうとする企業と付き合うと、それ以上構想が大きくならず、ビジネスプロデュースが進むとともに事業のスケールが小さくなります。

**自分が今持っている構想にこだわりすぎない**ことも大切です。

色々な人に話を聞いていると、自分が考えている現在の構想を捨てたほうが、より大きな構想が描けることに気がつくことがあります。その場合は、思い切って今の構想を捨てる勇気が必要になります。

こうしたことが深掘りタイプは苦手です。もちろん、構想するためには大量の情報を分析しなければなりませんから、深掘り力が威力を発揮します。しかし、深掘りタイプは構想を小さく描きがちなので、共感力の発揮も必要になってくるのです。

## 構想を広げることは1人ではできない

構想を十分に大きく広げることは、ビジネスプロデューサー1人だけではできません。自分1人の頭で考えるだけでは、どんなに頑張ったところで、驚くような構想には至りません。**自分が考えられる範囲からはみ出す**ことが不可欠です。

そのために色々な人に話を聞きに行くのです。部下であるメンバーにも、自分が考えられる範囲からはみ出して動いてもらわなければなりません。

ここでも共感力を発揮する必要があります。

部下に、自分が考えられる範囲からはみ出して動いてもらうためのポイントは、**作業ベースではなく、アウトプットベースで指示を出す**ことです。

例えば、

「それ、面白い考え方だね。その考えを軸にしてもっと先に何があるか調べてみて」

「その仮説は思いつかなかったな。証明する方法ってあるかな?」

などと指示をすると、メンバーは自分たちで考えながら資料を作ります。その中に、自分がまったく知らなかったこと、気づかなかったことがあるかもしれません。


メンバー独自の考え方や方向性にダメ出しをしてはいけません。

「そんな方向に広げていっても何のメリットもないだろう」

「これって、まったく関係ないんじゃない」

などと否定してしまえば、メンバーは萎縮《いしゅく》して自分で考えなくなってしまいます。

そうではなく、どうしてそんな方向に考えを広げようとしているのか、まったく関係ないことをなぜ関係があると思ったのか、共感力を使ってメンバーの意図を汲みとってください。

「メンバーがそんなことを考えたからには、きっとそこに何かヒントがあるはずだ。それに気づけないのは、自分が未熟だからだ」

このように考えられれば、自分の枠を超えた構想ができるようになっていきます。

ステップ2

## 「戦略を立てる」

構想の全体像を見ながら、その中のどこの部分を切り取ってビジネスモデルを作るか、どのような企業と連携するかなどを考えるのがステップ2です。第1章で述べた「グルッと回る仕組み」を考え、その実現のためには何をするべきかを決めます。

共感タイプは全体像を捉えるのが得意ですし、人や企業同士の関係性や関連性を見出すのも得意なので、こうした戦略のアイデアはポンポンと出せます。ただし、本当にアイデアレベルで、考えが浅いことが多いのが特徴です。

逆に深掘りタイプは、部分部分については深く考えているのですが、全体像を捉えたり、関係性や関連性を見出したりするのは苦手です。「A社とB社に連携してもらうなんて、どうせ無理だ」などと悲観的になりがちなのも、その一因です。ただ、データに裏づけられた論理があれば、共感タイプが思いついたビジネスモデルのよさを理解し、いち早く納得するという特性もあります。

ですから、戦略を立てる際には、**共感タイプが出すアイデアに対して、深掘りタイプが悲観的な突っ込みを入れる。あるいは、共感タイプの曖昧な話を、深掘りタイプが具体化していく**のがいいでしょう。両タイプが役割分担をして、得意な能力を発揮することで、アイデアを論理化、定量化、数値化し、ビジネスモデルに仕上げることができます。

## 戦略の肝はビジネスモデルの設計

ビジネスプロデュースにおける戦略の肝は「ビジネスモデルの設計」です。新たに**ビジネスモデルを作るときは、「フック（高い価値を持ち、顧客やプレイヤーを集める機能）」と「回収エンジン（集まってきた顧客やプレイヤーからお金を稼ぐ機能）」を**

**分けて考える**というのがコツです。

グーグルの場合で説明すると、フックとは、検索エンジンやGmail、YouTubeなど、たくさんの人々を惹きつけるけれど、それ自身ではお金を稼がない機能で、広告が回収エンジンということになります。

この**フックと回収エンジンをつなぐのがビジネスプロデュースで言うところの戦略であり、ビジネスモデルの設計そのもの**です。

フックと回収エンジンの構成を考えるのは、共感タイプが得意です。どのプレイヤーが何をしたいと思っているか、何に困っているかを想像して、他のプレイヤーの価値とつなぐといった発想は、共感タイプの真骨頂《しんこっちょう》。しかも、実際にそのプレイヤーと話をつけ、双方がＷｉｎ‐Ｗｉｎになるように協議をすることも含めて得意領域です。

一方で、そのフックでどのくらい人が集められるのかや、回収エンジンとしての市場規模や収益レベルの定量化、フックと回収エンジンのそれぞれの詳細化をしていくのは、深掘りタイプが得意だと思います。

**フックと回収エンジンは、両者の距離が遠いほど、ビジネスの規模を大きくできる**

可能性が高まります。そのためには、より高い視座、広い視点でビジネスモデルを設計できるかが大事ですし、幅広く情報を集め、既存の枠にこだわらずに可能性を検討していくことが求められます。両タイプの力の融合が最も重要になるのが、この戦略を立てるステップだと言えます。

## ステップ3 「連携する」

立てた戦略に関係する企業や行政機関などに対し、説明に行って、ビジネスプロデュースへの参画を呼びかけ、具体的に連携していく段階がステップ3です。

このステップ3で最も重要なのが、連携したい企業のキーパーソンに何度も会って信頼を勝ち取り、味方につけることです。そのためには、構想の完成度と戦略の柔軟性が重要になります。

深掘りタイプは、人に会いに行くのが苦手です。しかし、それでは連携はできません。

共感タイプは、人に会いに行くのは得意です。しかし、ミーティングをした相手に「メリットがない」と判断されてしまうと、連携に至りません。構想の完成度を高める深掘り力も必要です。

さらに、いくら完成度が高い構想を持って行っても、相手の反応を見て柔軟に修正できなければ、やはり連携には至りません。ここでも共感力が必要です。

このように、連携の段階でも、やはり深掘り力と共感力の両方が不可欠なのです。

## 戦略変数を増やす

「戦略変数」を増やすためにも、共感力は重要です。

例えば、電機メーカーと連携するビジネスモデルを構想したとしましょう。

そのとき、1社の電機メーカーとしか関係を持っていなかったら、その企業と連携するという選択肢しかありません。

しかし、マップづくりの段階から電機メーカーA社、B社、C社、D社と話をしていたとしたら、どうでしょうか。A社に連携の話を持ちかけて、反応が芳《かんば》しくなければ、B社に話をすればいい。A社に対して「B社とも話をしています」とあえて言うこともできます。そうすると、A社との連携の話がいきなり進み始める、といったこともあります。

これが、「戦略変数を増やす」ということです。

「A社はこう言ったけれども、B社は違うかもしれない。行って、実際に聞いてみよう」

このように、マップづくりの段階から数多くの企業に話を聞きに行き、接点を持っておいたほうが、戦略変数が増えます。

人に会いに行くときは1つの企業に絞る必要はなく、いくつもの企業に行く。その企業のある部署の人に会ったら、次は隣の部署の人に会いに行く。関連会社にも行ってみる。そうすることで、視野が広がるだけでなく、情報の密度が上がり、交渉も進めやすくなります。

そうした活動を相手が嫌がるかと言えば、そんなことはありません。「隣の部署の人にも聞きに行ってもいいですか」と聞けば、「行くな」とは言わないでしょう。仮に「行くな」と言われても、実際に行ってきた場合は、その話を聞きたがったりもします。

これは、構想する段階でも、戦略を立てる段階でも同じです。共感力を発揮して、できるだけ幅広く様々な企業などの話を聞き、議論を交わすことで、戦略変数が増えていきます。

もちろん、会うのが1回きりにならないように、深掘り力も必要です。

また、連携を進めていくうちに、ビジネスモデルを変えたほうがいいと気がつくこともあります。**これまでの考えに固執しない**ことが大切です。よりよいビジネスモデルがあるのなら、それを実現したほうがいいに決まっています。

そのためには、連携してくれた企業などに対して、色々な変更をお願いしなければならないでしょう。その際にも、戦略変数が多いことが重要になってきます。

企業と連携の交渉を重ねていると、「この会社じゃないほうがいい」と気づくこともあります。そうしたら、迷わず、その企業との連携を断わって、**最適な連携先との交渉に切り替えます。**

こうした判断は、心理的に大きな負担になります。特に共感タイプは、「ここまで一緒にやってきたのだから」と考えたくなります。それでも、深掘り力を発揮して、最適な企業に連携先を切り替えます。

**強気でないと、ビジネスプロデュースをまとめ切ることはできません。**

「構想したのは自分たちだ。だから、すべてのことがわかっているのは自分たちだけだ」

これが強気の源泉です。構想への自信、ここまで苦労してきた経験が、強気の裏づけとなります。

## ステップ4
# 「ルールを作る」

ビジネスプロデュースでは、新しいルールを作ったり、既存のルールを変えたりする必要が出てくることがあります。それを行うのがステップ4です。

「こういう規制があるのでビジネスになりません」と言われたら、「じゃあ、規制を変えればいいじゃないですか。どうやったら変えられるかを考えましょうよ」というのがビジネスプロデュースの発想です。

ルールと一口《ひとくち》に言っても色々ありますが、ビジネスプロデュースならではのルールづくりが、法律や条例を作ったり、変えたりすることです。法律であれば国(所管の省庁)を巻き込むことが必要になります。国を巻き込めるかどうかが、ビジネスプロデュースの成否につながることもあります。ですから、国へのアプローチができることも、ビジネスプロデューサーの重要なスキルの1つとなります。

しかし、深掘りタイプは、「ルールを変えるなんて無理だ」と思いがちです。一方、共感タイプは、「このルールを変えたらどうなるだろうか？」などと仮説を考えるのが得意です。「こう変えたら、あの人たちの仕事がしやすくなる」といった考えが、すぐに頭を駆け巡ります。

もちろん、ルールを作るには深掘りして考えなければなりませんが、その前に、共感力を発揮しなければならないのです。

## 国や自治体が知りたい情報を集めて提示する

法律や条例を変えることについては、深掘りタイプではなくても「無理だろう」と思う方も多いと思いますので、DIがどのように国や自治体にアプローチしているのか、少しだけご紹介しておきましょう。

「社会課題を解決するにあたって、企業やビジネスをどう活用したらいいのか」

政府は、こうしたことについて知りたいと思っています。しかし、民間企業やビジネスのことについては詳しくありません。なので、**民間の情報を持って、「一緒に社会課題を解決する方法を考えませんか」と言えば、話に乗ってきてくれます。**

海外の先進事例も、政府が知りたいと思っている情報です。

深掘り力と共感力を駆使して、政府が知りたいことを提示する、あるいは一緒に考えるための情報を提供することが、国へのアプローチの最初の足がかりとなります。

「民間が調べてわかるくらいのことは、国なら知っているんじゃないか？」と思われるかもしれませんが、意外にそうでもなかったりします。

政府の方々は、何か調査したいことがあっても、時間の制約があるので、自分たちでは調査できません。そこで、調査費を払って、民間のシンクタンクなどに調査を依頼する契約を結ぶのが一般的です。

ただ、民間に事業を委託することになりますから、細かくルールが決められていて、手続きが非常に煩雑《はんざつ》です。おまけに、政府がお金を支払う契約を締結するとなると、公平性が求められ、競争入札をしなければなりません。とにかく時間がかかります。しかも、実際に調査が始まってからも結果が出るまでに数カ月はかかります。
調査費をもらわず、勝手に調べれば、2〜3週間でそれなりの調査結果を作れます。それを見せれば、高い価値を感じてもらえます。

政府内は基本縦割りです。ですから、**他の省庁が何を考えているのかということも知りたがっています。**そこで、複数の省庁の人から話を聞き、そうした情報を持っていることを知らせると興味を持ってもらいやすくなります。

自治体の場合は、私たちが社会課題の解決につながる情報を持って行っても、必ずしも反応がいいとは限りません。地方自治体の職員が一番気にしているのは、国の方針です。ですから、**政府に話を聞いてから、「国はこういう方針ですよ」という話をすると、強い興味を持ってくれます。**

また、**自治体は、他の自治体の動向も気にしています。**横並び意識が強く、「○○市が独自の取り組みで成功した」といった情報に敏感です。「あそこがやったのなら、市長や議会から、『うちの市でもやろう』と言われるかもしれない」と、職員も考えます。

これは、自治体の社会課題に対する意識が低いというよりは、何かをやるためには、市役所内や議会で予算を通す必要があるので、それが大変だからです。国の方針に沿うことや、他の自治体で成功したことなら、議会を通しやすいということです。

## 社会課題の解決はビジネスの役割

以上、ビジネスプロデュースのステップごとに共感力と深掘り力の使い方について述べてきましたが、すべてのステップを通して最も意識すべきことは、**「社会課題を解決する方向に進んでいるか」**ということです。目の前の現実に振り回されて、この原点を忘れてはいけません。

また、社会課題を小さく分けて、そのひとつひとつを解決するのではなく、**大きな課題をそのまま解決することを目指します。**社会課題も、それを解決する新規事業も、大きければ大きいほどいい。


「解決のための武器をどうそろえるか？」

「皆が共感するようなビジネスモデルとは、どういったものか？」

「各社のビジネスを、どうつなげて大きくするか？」

「自社のビジネスにどうつなげるのか？」

「どうすればビジネスが大きく成長するのか？」

ビジネスプロデューサーは、こうしたことを日夜、考え続けることになります。


日本は社会課題先進国と言われています。社会課題を解決してほしいというニーズは、今後も、高まることはあっても、なくなることはないでしょう。

また、本業が耐用年数を超えてしまっている日本の大企業にとって、事業の次の柱となる新たなビジネスを創造することは喫緊の課題です。

そして、若い人たちの多くが、社会課題を解決したい、そうした仕事に就きたいと思いながら、実際にはできないでいます。

社会課題の解決を、大企業の事業の次の柱にするビジネスプロデュースは、こうした時代の要請に応える、これ以上ないほど重要な仕事なのです。

「社会課題の解決は、お金にならない」とよく言われます。

しかし、再三述べてきた通り、社会課題の解決は、むしろお金になります。ビジネスにすることができます。

実はこれまでも、ビジネスは数々の社会課題を解決することで成り立ってきました。人々の生活を豊かにするために、新しい商品やサービスが生まれてきたのです。社会課題の解決は、本来的にビジネスの役割なのです。

共感力と深掘り力を併せ持ったビジネスプロデューサーには大きなニーズがあります。ビジネスプロデューサーに魅力を感じるであろう若い優秀な人材もいます。にもかかわらず、残念ながら、まだ十分に育っているとは言えない状況です。

本書は、この現状を少しでも好転させたい、1人でも多くのビジネスプロデューサーを輩出したい、その一助になれば、という思いで書き上げました。

社会課題を次々にビジネスで解決するスーパービジネスプロデューサーが数多く誕生することを心より願っています。

# おわりに

ここまで、「共感タイプ」×「深掘りタイプ」＝ビジネスプロデューサー、つまり共感力と深掘り力の高次バランスがあって初めて大きな事業を生み出せるとお話ししてきました。

もしあなたが、既存の事業や既存の業界で活躍しようと思っているのなら、そんな能力は恐らく不要でしょう。むしろ自分が得意な領域をひたすら伸ばし、今の事業や業界に必要な能力とされてきたことをよりきっちりやれるようにしたほうが効率的です。しかしこれは、少し昔、既存事業や既存の業界がこれからも成長していく時代における勝ちパターンであることは理解しておかなければなりません。

これからの時代、既存業界の「常識」を盲目的に突き詰め続けることは、人生の大きなリスクになります。なぜなら、世の中全体として、価値の在り方が大きく動き、既存の業界自体が崩れようとしているからです。

これからは、例えばカーボンニュートラル、少子高齢化、AI、メタバース、宇宙など、大きなマクロトレンドや技術動向をどう取り込むのかが問われます。ここにどう食い込んでいくのかで人生は大きく左右されることでしょう。

したがって、ビジネスプロデューサーとしてこの大転換期に向き合うことは、新しい時代を開くというだけでなく、自らの人生をよりよくすることに直結するのだと思います。

普通のコンサルティングでは、「とにかくクライアントの話を聞け」「クライアントの中に答えがある」と言われます。クライアントに向かって堂々と「皆さんの中に答えはあります」と言い切るコンサルタントも多くいます。私もかつてはそう言っていましたし、本当にそう思っていました。

しかし、今はそうではありません。

## ビジネスプロデュースでは、「答えは社会の中にある」

とお伝えしています。新しい事業を生み出そうとするとき、既存の組織や業界の中に、その答えはありません。

さらに言うと、今の時代においては、新規事業だけでなく、既存事業を成長させるためにも、自らの枠の外にあるヒントや武器を活用するほうが効果的だと思います。

「共感力」と「深掘り力」の両方を身につけるという挑戦は、苦手(だと思っている)ことにトライすることで、「枠を超える」ための能力を鍛えましょうということです。

本書では「共感タイプ」や「深掘りタイプ」とわかりやすく分類しましたし、自分がどちらのタイプかで手を挙げてもらうと、たいていキレイに分かれるのも事実です。

しかし、実はどんな人でも、共感力と深掘り力の両方を併せ持っています。むしろ、共感タイプの人は自分を共感タイプだと思い込むことによって、深掘りタイプは自分を深掘りタイプだと思い込むことによって、自らタイプ性を先鋭化している傾向があると感じています。

人間はそんなに簡単に分類できるものではありません。皆さんが今、共感力が強いとか深掘り力が強いと思っているのは、そう思うほうが当面の人生を過ごしやすいという面もあるはずです。今の社会が、シンプルに人生を生きやすいよう、分類を仕向けていると言えるかもしれません。

この本で申し上げている「相互に逆のタイプの要素を身につけましょう」の意味合いは、まったく新しい学びが必要という話ではなく、「身につきにくいはずという思い込みから自分を解放しましょう」ということなのです。

もはや、皆さんの中や、自分の組織の中に答えはありません。外を見て、外に飛び出して、社会を見てみてください。そこにはきっと答えがあります。産業の枠も、組織の枠も、そして自分の枠も超えることで、これからの時代を切り拓くことになります。

そして、答えは常に未来にあります。
共に枠を超えて、未来を切り拓いていきましょう。

著者略歴

三宅孝之（みやけ・たかゆき）

株式会社ドリームインキュベータ代表取締役社長

京都大学工学部卒業、京都大学大学院工学研究科応用システム科学専攻修了（工学修士）。経済産業省、A.T.カーニーを経てドリームインキュベータ（DI）に参加。経産省では、ベンチャービジネスの制度設計、国際エネルギー政策立案に深く関わった他、情報通信、貿易、環境リサイクル、エネルギー、消費者取引、技術政策など幅広い政策立案の省内統括、法令策定に従事。DIでは、環境エネルギー、まちづくり、ライフサイエンスなどをはじめとする様々な新しいフィールドの戦略策定及びビジネスプロデュースを実施。また、個別プロジェクトにおいても、メーカー、医療、IT、金融、エンターテインメント、流通小売など幅広いクライアントに対して、新規事業立案・実行支援、マーケティング戦略、マネジメント体制構築など成長を主とするテーマに関わっている。
島崎崇氏（現 DI統括執行役員）との共著に『3000億円の事業を生み出す「ビジネスプロデュース」戦略』『3000億円の事業を生み出す「ビジネスプロデュース」成功への道』（ともにPHP研究所）がある。

編集協力――坂田博史
装幀――山之口正和（OKIKATA）
図版作成――株式会社ウエル・プランニング

# 「共感」×「深掘り」が最強のビジネススキルである

## 3000億円の新規事業を生み出すビジネスプロデュース思考術

2023年8月2日　第1版第1刷発行

著　　者　三　宅　孝　之
発 行 者　永　田　貴　之
発 行 所　株式会社PHP研究所
東京本部 〒135－8137 江東区豊洲5－6－52
ビジネス・教養出版部　☎03－3520－9619（編集）
普　及　部　☎03－3520－9630（販売）
京都本部 〒601－8411 京都市南区西九条北ノ内町11
PHP INTERFACE　https://www.php.co.jp/
組　　版　株式会社ウエル・プランニング
印 刷 所
製 本 所　大日本印刷株式会社



ISBN978-4-569-85470-0